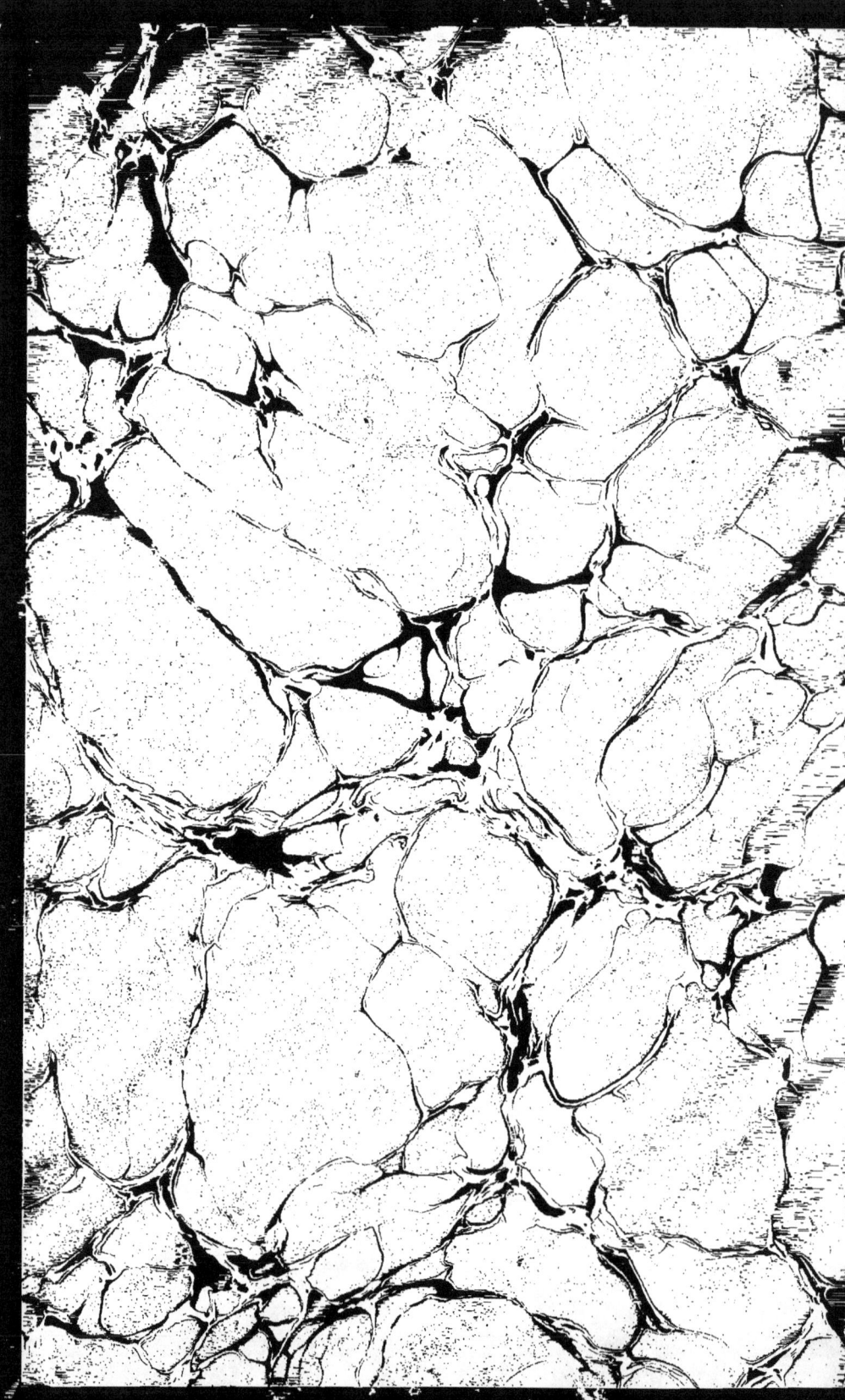

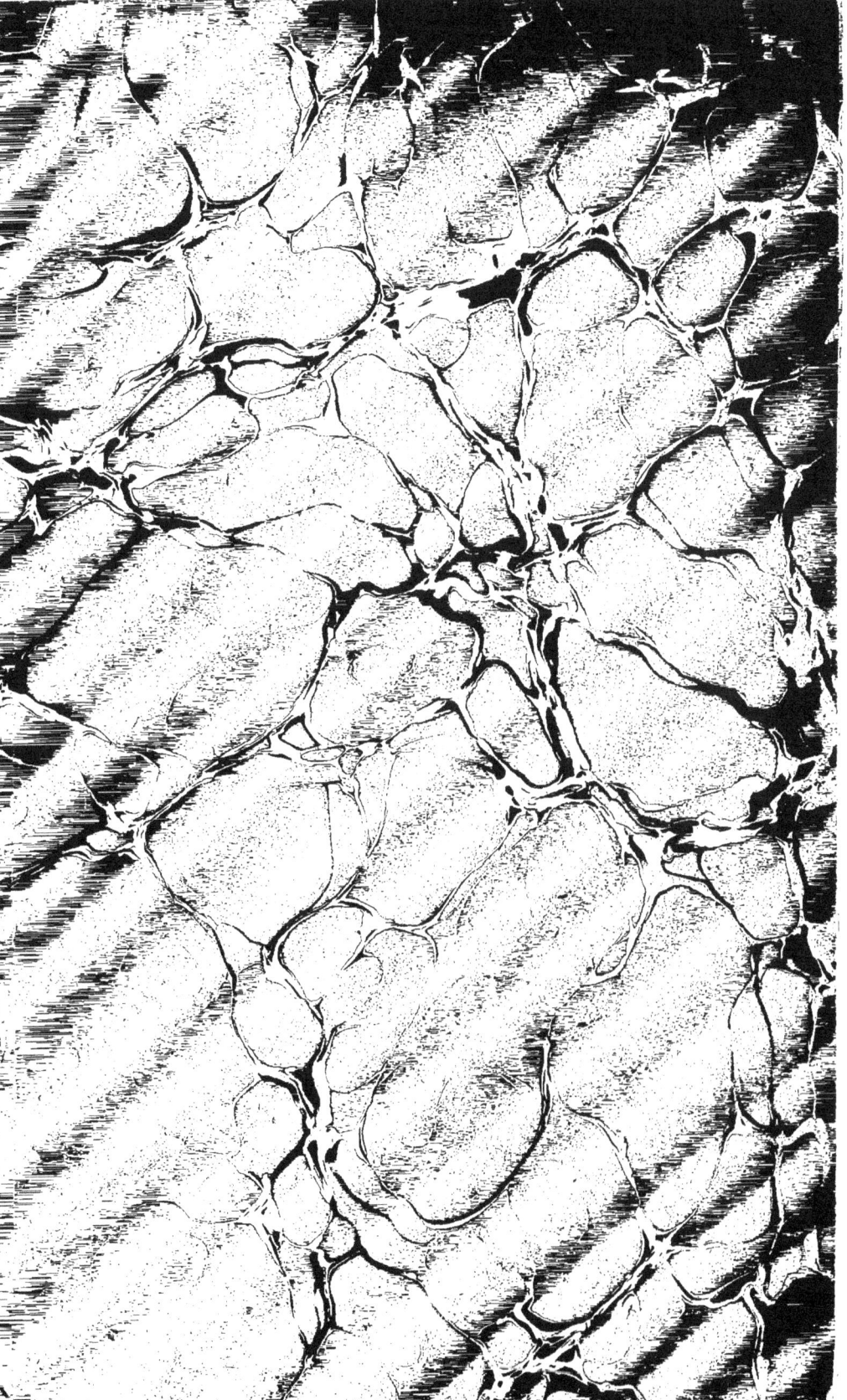

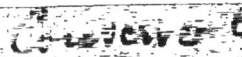

RAVAILLAC

315

LA MAISON OU NAQUIT LE RÉGICIDE
LA TANIÈRE DES RAVAILLARD
DANS LA GORGE DE BAUME-LES-MESSIEURS
LE CHATEAU DU DIABLE

PAR

Amédée CALLANDREAU

Notaire à Cognac.

PARIS
ALPHONSE PICARD, ÉDITEUR
82, rue Bonaparte, 82

1884

RAVAILLAC

ANGERS, IMP. A. BURDIN ET Cie, RUE GARNIER, 4.

(Réduction d'une ancienne estampe de la Bibliothèque nationale.)

RAVAILLAC

LA MAISON OU NAQUIT LE RÉGICIDE

LA TANIÈRE DES RAVAILLARD

DANS LA GORGE DE BAUME-LES-MESSIEURS

LE CHATEAU DU DIABLE

PAR

Amédée CALLANDREAU

Notaire à Cognac.

PARIS

ALPHONSE PICARD, ÉDITEUR

82, rue Bonaparte, 82

1884

INTRODUCTION

Lorsqu'on considère l'attentat de Ravaillac, l'esprit hésite entre les divers mystères qui se dressent devant lui :

La main du régicide a-t-elle été poussée par l'Espagne ou par Marie de Médicis, pour ne nommer que ces deux-là?

L'horreur du mélancolique Louis XIII contre sa mère, n'était-elle que la vengeance d'un fils, épouvanté par le souvenir de l'assassinat de son père, frappé dans les bras et avec la complicité du duc d'Épernon, amant de la Reine?

Ou bien le cerveau de ce fou a-t-il été vraiment fasciné par l'illusion de faire, en commettant ce forfait, un acte profitable au pape et à la religion?

Ce sont là des questions des plus intéressantes, d'une grande portée, mais que nous n'avons l'intention d'étudier qu'ultérieurement[1]; le travail que nous nous proposons présentement a une vue plus restreinte; nous étudierons

---

1. Elles ont d'ailleurs été traitées déjà, notamment par M. Loiseleur, bibliothécaire à Orléans.

simplement les questions qui se rattachent à la personne même de l'assassin.

Jusqu'à ces derniers temps, cette figure de Ravaillac, restée dans la nuit pour ainsi dire, paraissait plus terrible encore.

Dans son procès, le Parlement de Paris ne semble-t-il pas avoir agi avec une bien grande promptitude?

Certes, le crime était évident, et le châtiment mérité. Mais s'occupa-t-on sérieusement, comme on eût dû le faire, de rechercher les complices possibles, probables, de l'assassin? Prit-on le temps de faire des recherches approfondies dans le pays de ce dernier?

Non, assurément! On ne voulut aller dans ses soupçons que jusqu'à l'Espagne, jusqu'aux Jésuites; et peut-être, pour cette complicité, tout au moins morale, aurait-il fallu chercher plus près. N'avons-nous pas nommé tout à l'heure le duc d'Épernon, gouverneur de la ville même habitée par l'assassin?

Il est difficile de ne pas trouver ces rapprochements tout au moins étranges.

Hé bien! le Parlement ne chercha à s'enquérir ni de la famille du régicide ni de ses relations; il se contenta de frapper, et, du même coup, tout ce qui pouvait rappeler l'assassin tomba dans un silence impénétrable parce qu'il était voulu. La maison natale du malheureux fut rasée; ce nom, qui faisait alors frissonner de rage, fut arraché aux frères et aux sœurs, à l'oncle et aux autres parents du condamné; il ne devait plus y avoir à tout jamais de famille Ravaillac, et même il devait n'y en avoir eu jamais.

Ce silence, ces mystères, n'irritent-ils pas la curiosité?

Elle devait attendre longtemps avant que d'être satisfaite.

Durant plus de deux siècles, qu'a-t-on su de l'assassin et de sa famille? Rien, que ce qu'il avait dit lui-même dans ses interrogatoires : qu'il avait été valet de chambre et clerc ; puis qu'il était resté quelque temps chez les Feuillants ; puis qu'il tenait une école à Angoulême, vivant à peu près d'aumônes, ainsi que son père et sa mère.

Et pendant ce temps le peuple ne cessait de donner à la grande ruine féodale de Touvre le nom de château de Ravaillac, comme si le pauvre magister eût été un des hauts barons du royaume!

Sur le lieu de sa naissance, quels renseignements avait-on? Aucuns, si ce n'est les poésies, contradictoires et ambiguës, du père Garasse, qui, après avoir fait naître le régicide à Angoulême, semble ensuite mettre le lieu de sa naissance sur les bords de la Touvre, *ad ostia*, ce qui veut dire la source de la rivière, soit Touvre même, aussi bien que son embouchure dans la Charente, soit le village du Gond

Il appartenait à la Société archéologique et historique de la Charente, fondée à Angoulême en 1844, de s'occuper avec fruit de ces questions ; en effet, M. Eusèbe Castaigne, M. le docteur Gigon et M. de Rencogne avaient publié successivement dans les bulletins de cette Société, soit des notes, soit des pièces authentiques, soit même un travail complet (celui de M. Gigon sur le château de Touvre) lorsque M. de Fleury, président de ladite Société et archiviste du département de la Charente, fit faire un pas considérable à ces recherches en publiant, dans le bulletin de l'année 1882, trente-deux titres notariés concernant la famille du régicide; c'est à cette dernière publication qu'est dû, à peu de choses près, le mérite de nos découvertes.

Mais il n'est pas besoin d'un plus long préambule; d'ailleurs, notre travail n'est guère qu'un essai, que de nouvelles investigations rendront quelque jour peut-être moins imparfait.

CHAPITRE PREMIER

DANS QUEL LIEU, DANS QUELLE MAISON EST NÉ LE RÉGICIDE?

Il est certain que la famille Ravaillac a possédé sur la paroisse de Touvre quelques immeubles[1] : ils devaient être de minime importance; en revanche, dans la paroisse toute voisine de Magnac-sur-Touvre (la rivière seule sépare les deux localités), l'aïeul paternel du régicide avait deux maisons, au bourg même, et s'il s'établit à Angoulême comme procureur au siège présidial, tout en conservant les maisons dont s'agit, c'était sans doute par suite de son mariage avec Marguerite Lecomte, fille d'un procureur, dans la charge duquel il succéda à ce dernier.

Il est donc fort à croire que le bourg de Magnac-sur-Touvre a été le berceau de la famille Ravaillac; ce qui le ferait supposer davantage, c'est l'attachement que cette famille ne cessa d'avoir pour Magnac :

En 1571, le procureur Michel Ravaillac y achète un lopin de jardin, confrontant au jardin de maître François Ravaillac son père[2].

L'acte de partage intervenu entre celui-ci et ses deux fils du premier lit, Michel sus-nommé et Jean Ravaillac (père

---

[1]. Acte reçu Gibaud, notaire royal à Angoulême, le 21 septembre 1587.
[2]. Cet acte d'acquisition a été passé devant Mᵉ Mousnier, notaire royal à Angoulême, le 7 février 1572.

du régicide), passé devant M⁰ Mousnier, notaire royal à Angoulême, le 17 novembre 1574[1], nous fait constater l'existence sur la paroisse de Magnac-sur-Touvre :

D'une maison sise au bourg, au lieu dit le Ruvat, confrontant d'un bout au chemin allant de Magnac à la Garenne de M. de Maulmont à main dextre[2] ;

D'un lopin de jardin confrontant au chemin allant de Magnac à la font de Jay, à main dextre ;

Ces trois objets furent attribués au procureur Michel Ravaillac ;

Et en plus d'une grande maison (sic) avec ses appartenances et dépendances de jardin, même celui acheté en 1571 par Michel Ravaillac, ainsi qu'il a été dit plus haut, et située au même bourg de Magnac[3], laquelle maison fut attribuée à Jean Ravaillac, ainsi que tous les autres domaines et héritages (sauf les trois articles désignés plus haut), en nature de terres labourables ou non labourables, prés, bois, vignes et autres quelconques, situées en ladite paroisse de Magnac.

Personnellement le père du régicide fit l'acquisition dans la paroisse de Magnac :

Le 14 janvier 1601, de deux lopins de vigne[4] ; et le 22 février suivant, d'une pièce de terre au lieu dit la Garenne, confrontant d'un bout au chemin allant d'Angoulême à Pranzac[5].

Dans la première de ces acquisitions, M⁰ Tallut, notaire

---

1. Voir aux preuves, la pièce n° II.
2. Il n'existe actuellement aucune construction sur ce chemin de la garenne.
3. Nous ignorons la situation de cette grande maison.
4. Acte reçu Tallut, notaire à Magnac-sur-Touvre.
5. Acte reçu Lacaton, notaire royal à Angoulême.

à Magnac-sur-Touvre, qui passa le contrat, a même trouvé bon de domicilier Jean Ravaillac au bourg de Magnac; l'acte du mois suivant indique ce domicile à Angoulême, comme tous les autres actes; l'indication de M⁰ Tallut n'en constate pas moins que Jean Ravaillac avait conservé son habitation de Magnac et qu'il n'était pas sans y aller souvent; à partir de 1601 ou 1602, il a même dû s'y fixer définitivement et il devait y habiter lors de l'assassinat de Henri IV.

Ce qui rend plus vraisemblable encore notre supposition que la famille Ravaillac était originaire de Magnac, c'est le fait que la grand'tante du régicide, sœur du procureur François sus-nommé, Marguerite Ravaillac, mariée à Sébastien Pichot, sergent royal à Angoulême, possédait, elle aussi, à titre personnel, et sans doute patrimonial, divers immeubles sur cette même paroisse de Magnac, notamment une pièce de vigne au plantier de la Roulette, confrontant d'un bout au chemin allant de Magnac à la ville d'Angoulême; en 1576, elle faisait donation de cette vigne à une veuve Boucheron, née Thoynète Gailhard, du bourg de Magnac, en « considération des biens faictz et services que lui a faictz et qu'elle espère que luy fera à l'advenir la dite veuve [1]. »

Malgré l'existence de cette maison patrimoniale de Magnac, le régicide est bien né à Angoulême; il l'a dit lui-même dans son interrogatoire [2], et nous allons, dans un

---

[1]. Cet acte de donation fut passé le 24 mars 1576, devant M⁰ Mousnier, notaire royal à Angoulême.

[2]. Instruction du 14 mai : *a dit avoir nom François Ravaillac, âgé de trente-deux ans, demeurant en la ville d'Angoulême.*

Interrogatoire du 17 mai : *Enquis de son nom, âge, qualité et demeure : a dict avoir nom François Ravaillac, natif d'Angoulême, y demeurant, âgé de trente-un à trente-deux ans.*

instant, indiquer la maison elle-même où cette naissance funeste eut lieu.

Mais avant de faire part de nos découvertes à ce sujet, voyons successivement les conclusions de chacun des archéologues qui nous ont précédé dans l'examen de la question :

Dans sa querelle avec le père Garasse, fameux jésuite, né dans notre ville d'Angoulême en 1585, Nicolas Pasquier, lieutenant général à Cognac, maître des requêtes de l'hôtel du roi et fils du célèbre Étienne Pasquier, procureur général en la chambre des Comptes, injurie en ces termes[1] son adversaire :

« Toy, qui es descendu de l'Estoc de ces vieux Gots, habitants du lieu de ta naissance, lesquels se rendaient arbitres des vies et couronnes de leurs Roys! Et tout ainsi que les plantes reviennent tous jours et rapportent partout la température de l'air, le sel et la faveur du sol et territoire où elles vivent; de mesme cette coutume meschante et maudite s'est donnée de main en main par une certaine propagation de père en fils, jusques en la personne de l'un de tes proches, sorti de cetige (sans doute cette tige) gothique qui exécuta ce meschant et damnable parricide contre notre Henry le Grand. Un des parents duquel et de tes proches, aussi avait cinquante ans auparavant tué, devant Orléans, le duc de Guise. Race abominable née pour assassiner les grands princes, etc... »

D'après Pasquier, qui était à peu près du même pays et du même âge que le régicide, celui-ci était donc né à Angoulême.

Ne nous arrêtons pas aux poésies du Père Garasse susnommé (desquelles il sera, d'ailleurs, question d'une manière très suffisante lorsque nous transcrirons ci-après une partie du travail du docteur Gigon), et franchis-

---

1. Tome II, page 1402.

Banlieue d'Angoulême

sons deux siècles, pour arriver aux recherches faites par les membres, que nous avons nommés plus haut, de la Société archéologique et historique de la Charente :

M. Eusèbe Castaigne, le premier, consacra, dans le Bulletin de l'année 1846, une note à la maison de l'assassin : dans un travail sur l'hôtel des Guez de Balzac, voisin de la rue des Arceaux, près de laquelle le régicide habitait, en effet, à l'époque de l'attentat, M. Castaigne transcrit l'acte d'aveu dudit hôtel et de ses dépendances, passé devant MM^{es} Pierre Dumergue et Antoine Rousseau, notaires à Angoulême, le 27 janvier 1644 ; et, énumérant les dépendances en question, il arrive à la description d'une masure située en face de l'église Saint-Paul. Le savant archéologue fait suivre cette description de la note[1] que nous copions ci-après littéralement :

« Cette vieille masure formait sans doute l'emplacement de la maison où était né François Ravaillac, assassin de Henri IV, détruite en vertu de la disposition suivante de l'arrêt du Parlement du 27 mai 1610 :

« Ordonné que la maison où il a esté né sera desmolie, celuy à « qui elle appartient, préalablement indemnisé, sans que sur le « fonds puisse à l'advenir estre faict autre bastiment.

« Une tradition constante a toujours placé cette maison dans la rue des Arceaux, au lieu même indiqué par les confrontations ci-dessus établies, presqu'en face du chevet de l'ancienne église Saint-Paul. Sur la fin du siècle dernier on avait, par tolérance, laissé construire en cet endroit un bâtiment de peu d'importance qui continua d'être désigné sous le nom de maison de Ravaillac ; M. Astier l'a remplacé par une servitude indispensable, qui prouve que, si Angoulême a eu le malheur de produire un régicide, sa mémoire n'y est pas en très bonne odeur. »

Si la supposition de M. Castaigne était fondée, il faudrait

---

1. *Bulletin de la Société,* année 1846, page 22.

avouer que les hommes de loi d'Angoulême avaient bien mal exécuté l'arrêt du Parlement de Paris : trente-quatre ans se sont déjà écoulés depuis la sentence et les murs de la maison maudite sont encore debout, en mauvais état, il est vrai, mais non pas démolis, comme le portait l'arrêt.

Ils ne l'ont pas été, car ils ne méritaient pas de l'être. Cette masure n'a jamais appartenu à la famille Ravaillac, jamais été habitée par le régicide.

En 1610, l'assassin n'habitait, en effet, ni la masure désignée par M. Castaigne, ni même la rue des Arceaux, mais bien une maison voisine. La tradition reposait partiellement sur un fait exact, celui du voisinage de l'église Saint-Paul ; elle se trompait sur l'emplacement. La véritable maison, qui était peu éloignée de la masure de l'hôtel de Balzac, était et est loin de former avec elle un seul et même immeuble : les Guez de Balzac tenaient cette masure et leur hôtel du roi lui-même ; la maison occupée par Ravaillac était tenue à rente de la cure de Saint-Paul ; d'autre part, les confrontations de ces deux immeubles ne se ressemblent en aucune façon : la masure avec le jardin en dépendant confrontait à l'hôtel des Guez de Balzac ; la véritable maison habitée par Ravaillac n'a jamais confronté à cet hôtel ; en 1606, ses confrontations étaient : d'une part *à la rue publique par laquelle on va de l'église Saint-Paul à la halle du Palet* (la rue Saint-Paul nécessairement), d'autre à la maison des hoirs feu Gaschiot Dufresche, d'autre à la maison de Pierre Mallat, marchand ; par derrière, à la maison de Mayet Herbert, sergent royal[1].

---

1. Nous rechercherons, sous le chapitre III, quelle était la maison habitée par Ravaillac.

Si nous avons à son sujet des renseignements aussi circonstanciés, c'est que, ainsi que nous le dirons plus loin, la maison que le régicide habitait, simplement à titre de locataire, avait d'abord appartenu personnellement à sa mère.

On nous fera cette objection : qu'à plus forte raison François Ravaillac avait pu naître dans cette maison; d'accord; mais le fait contraire est positif, celui-ci est né en réalité dans la maison qui appartenait personnellement à son père, ainsi que nous le verrons plus loin; c'est cette dernière qui fut rasée et non celle de la rue Saint-Paul : il n'est pas d'argument plus concluant.

Pour terminer avec l'opinion de M. Castaigne au sujet de la naissance de Ravaillac, nous devons faire observer que son opinion ne semble pas avoir été inébranlable :

En effet M. l'abbé Michon, dans sa *Statistique monumentale de la Charente*, s'exprime de la sorte[1] au sujet du château de Touvre :

« Ce château n'est connu des gens du pays que sous le nom de château de Ravaillac. On se demande comment cette magnifique ruine a pu recevoir un nom si odieux. M. Eusèbe Castaigne m'a communiqué avec obligeance et publiera prochainement un document qui atteste que l'assassin de Henri IV naquit à Touvre, peut-être dans une maison construite près des ruines du château. Pour laisser à notre savant collègue tout le prix de cette curieuse découverte, je ne nommerai pas le poëte du XVIIe siècle, qui, dans sa latinité énergique, a reproché à notre belle Touvre d'avoir été la mère d'un exécrable régicide. »

Et de son côté M. Alcide Gauguié, dans sa *Charente communale illustrée*, parue en 1868, dit ce qui suit

---

[1]. Page 213. Cet ouvrage porte la date de 1844.

(pages 147 et 148) au sujet du même château de Touvre :

« Il porte aujourd'hui le nom de *Château de Ravaillac* et c'est une croyance, profondément enracinée dans l'esprit populaire, que ces ruines ont appartenu à l'odieux assassin de Henri IV, qui, pauvre maître d'école, n'a jamais possédé le moindre manoir. Voici, pensons-nous, l'explication de cette énigme : On a prétendu jusqu'ici que Ravaillac était né à Angoulême. C'est une erreur trop longtemps propagée ; au bourg de Touvre ou à quelque hameau du voisinage revient la triste gloire d'avoir donné naissance à ce monstre. Le père Garasse le dit formellement dans ses poésies latines : « Au fleuve de Touvre, anciennement remarquable par son gouffre et par ses cygnes, au bord duquel est né le parricide. »

Et en note :

« Ad Tuparam amnem, gurgite et cygnis olim nobilem ad cujus ostia, natus est parricida. (C'est le titre de la Ve élégie.)

« Nous devons cette communication à l'obligeance de notre savant bibliothécaire, M. Eusèbe Castaigne, dont l'opinion doit faire autorité en cette matière.

« Le père Garasse est contemporain des faits dont il parle, il est du pays, deux raisons pour nous fier complètement à lui. »

Ainsi M. Castaigne penchait en 1844 pour Touvre ; en 1846, pour la paroisse Saint-Paul d'Angoulême ; et en 1868, il revenait à sa première opinion.

Dans son travail sur le château de Touvre (paru dans le bulletin des années 1868-1869 de la Société archéologique et historique de la Charente (pages 429 et suivantes), M. le docteur Gigon arrive, page 443, à traiter la même question. Voici toute la fin de son remarquable travail :

« Nous allons maintenant examiner une autre question accessoire, qui a pourtant son intérêt et son importance.

« Le château de Touvre n'est connu dans la contrée que sous

la dénomination de *Château de Ravaillac*. Ce nom odieux attaché à ces débris a fait croire au public, qui reçoit la tradition sans l'examiner et la discuter, que ce château avait dû appartenir à l'assassin du bon roi Henri IV. Nous pouvons d'ores et déjà repousser une pareille supposition, puisque nous venons de présenter la liste non interrompue des possesseurs de ce noble manoir, depuis sa fondation jusqu'à ceux qui de nos jours en occupent les emplacements, et nulle part nous n'avons vu apparaître le nom de l'exécrable régicide. A cette preuve sans réplique nous ajouterons quelques considérations qui corroborent cette affirmation :

« Ravaillac est né à Angoulême, ainsi que nous l'apprennent les interrogatoires de son procès, publiés dans le temps et réédités de nos jours. Il appartenait à une famille pauvre ; lui-même était pauvre ; il avait tenté plusieurs voies dans sa vie, il avait été praticien ou clerc de procureur ; nous le voyons même solliciter des procès et faire taxer des dépens au parlement de Paris. Le même titre de praticien est donné à son père dans le procès criminel, et M. de Rencogne, qui a compulsé les archives du présidial d'Angoumois, a remarqué que plusieurs procureurs avaient porté ce nom. Il paraît que la famille du régicide avait été ruinée par des procès, et que lui-même avait déjà été mis en prison, accusé de meurtre. Plus tard il voulut entrer en religion, et il était entré comme novice aux Feuillants de Paris, d'où on l'avait renvoyé au bout de quelques semaines, en raison des visions ou hallucinations auxquelles il était sujet ; puis il avait été maître d'école dans la paroisse de Saint-Paul, à Angoulême, rue des Arceaux, suivant Eusèbe Castaigne, laquelle avait été dénommée pour cette raison *rue du Fanatisme*. Dans son interrogatoire du 18 mai 1610, subi devant la commission du parlement, présidée par l'inflexible, l'intègre Achille de Harlay, Ravaillac avait donné les renseignements suivants :

« Enquis de quoi il s'entretenait :

« A dit qu'il avoit quatre-vingts écoliers dont il gagnoit sa vie, et (de ce qu'il recevoit) faisoit les voyages en cette ville (Paris). »

« Enquis de ses moyens et commodités :

« A dict que ses père et mère vivoyent d'aumosnes le plus

souvent, et luy accusé de ce qu'il gaignoit de ses escoliers, aydé de ce que ses amis luy donnoient. »

« Enquis de ses amis :

« A dict que c'estoient les père et mère des escoliers qui luy donnoient l'un du lard, l'autre de la chair, du bled, du vin. »

« Il est manifeste que, dans ces conditions d'existence, un tel individu n'avait jamais dû posséder de château; on peut même ajouter, comme preuve de sa pauvreté, qu'il avait commencé par être valet de chambre du sieur Rozier, conseiller au présidial d'Angoumois : c'est lui-même qui l'a déclaré lors de ses interrogatoires.

« Dans ces dernières années, une tierce opinion a été émise par des savants du pays : on a supposé que Ravaillac était né à Touvre; et alors on comprendrait comment, dans le langage usuel, le peuple avait pu donner à ces sombres débris, encore entourés d'une auréole de terreur qu'ils empruntaient au gouffre et à ses souvenirs, le titre de château de Ravaillac ou des Ravaillac, comme il avait donné le nom de *Château du Diable* à ces autres débris situés au Petit-Rochefort, entre Angoulême et Puymoyen, auxquels se rattache aussi une légende de superstitions et d'effroi. M. Michon, dans la *Statistique monumentale de la Charente* (p. 213), dit à ce sujet :

« M. Eusèbe Castaigne m'a communiqué avec obligeance et pu-
« bliera prochainement un document qui atteste que l'assassin de
« Henri IV naquit à Touvre... Je ne nommerai pas le poète du
« XVIIe siècle, qui, dans sa latinité énergique, a reproché à notre
« belle Touvre d'avoir été la mère d'un exécrable régicide. »

« Malheureusement le travail de Castaigne sur ce sujet n'a jamais été publié. J'ai interrogé son fils, qui a parcouru tous ses papiers depuis son décès et n'a rien trouvé; nous devons croire qu'Eusèbe n'a pu réunir les éléments de sa démonstration. Quant au poète dont parle M. Michon, ce doit être Paul Thomas que j'ai déjà cité. J'ai relu tout son poème latin *Tovera*, sans qu'il m'ait été possible de trouver rien de topique. Dans un passage, après avoir rappelé l'ancienne puissance de la citadelle de Touvre et les beautés que l'art et la nature avaient prodiguées dans ce lieu, e poëte ajoute :

CHAPITRE PREMIER

Ille loco permansit honos, dum regna quierunt
Gallica, et incurvis cesserunt falcibus enses
Verum ubi disruptis concordia publica vinclis
Dissiliit, regesque suos plebs impia contra
Dirigere infestas acies, ac sedibus ansa est
Totum excire suis. . . . .

« Le poète fait ensuite le tableau des maux qui, à la suite de ces violences du peuple, ont assailli la France prête à rendre le dernier soupir : *Et extremas moriens dat Gallia voces*. Encore une fois, dans cette énergique peinture, il n'est question ni de Ravaillac, ni de sa naissance au bord de la Touvre ; la phrase *Regesque suos plebs impia contra dirigere infestas acies*, veut dire que « un peuple sacrilège a dirigé ses coups, ses combats meur-
« triers contre ses propres rois. »

« C'est une allusion aux guerres civiles qui ont désolé la fin du xvi° siècle ; mais rien n'indique que cela s'applique au régicide angoumoisin. La naissance de Ravaillac à Touvre n'est donc rien moins que démontrée par des documents certains ; nous pouvons même dire qu'elle est démentie par Ravaillac lui-même, lors de son procès criminel. Dans son interrogatoire du 14 mai 1610, on lit : « A dict avoir nom François Ravaillac, âgé de trente-deux
« ans, *demeurant en la ville d'Angoulême*. » Ces dernières paroles pouvaient laisser quelque doute, le lieu de la demeure n'étant pas nécessairement celui de la naissance. Mais dans son interrogatoire du 17 il est beaucoup plus explicite ; on y lit : « A dict avoir
« nom François Ravaillac, *natif d'Angoulême*, y demeurant, âgé
« de trente et un à trente-deux ans. » Cette fois, il ne peut y avoir de doute, l'accusé distingue soigneusement le lieu de naissance du domicile ; *il est né à Angoulême*, et il y demeure. Nous avons interrogé les registres de la paroisse Saint-Paul que Ravaillac avait déclaré être la sienne ; ces registres remontent seulement jusqu'à 1589, et à la date de 1602 nous trouvons un acte de naissance d'un Ravaillac. Voici du reste, la reproduction textuelle de cet acte :

« Le vendredi viii° janvier mil six cent deux a esté baptisé en
« l'église de céans Jehan Ravailhac, filz de Pierre Ravailhac et
« de damoiselle Anne Chauvet, et furent parrein noble Jehan Bé-
« liard, procureur du roy (deux mots illisibles) au siège royal de

« Coingnac, et damoiselle Madelaine de Torent, femme de noble
« Jehan Poumaret, escuyer, sieur de la Vallade, par moy curé de
« céans.

« *Signé* : J. BÉLIARD, Madelaine de TORENT,
MAUROUGNÉ, président. RAVAILHAC. »

« Cet acte, écrit à la page 27ᵉ du registre, était indéchiffrable, parce que l'arrêt de mort porté contre Ravailhac à la date du 27 mai 1610, par le Parlement de Paris, avait décidé, entre autres aggravations de peine, que nul à l'avenir, frère, sœur, oncle, neveu, ne pourrait porter un tel nom, et le curé de la paroisse a raturé ce nom maudit sur le registre; cependant on le lit très bien encore sous les ratures, surtout la signature du père de l'enfant, qui paraît d'une très belle écriture. Ce nouveau-né était probablement le frère du régicide, lequel, dans ses interrogatoires, déclara habiter la paroisse Saint-Paul. Les parrain et marraine appartenaient, comme on voit, aux classes élevées, et le noble Béliard, procureur du roi à Cognac, était, ou parent ou très ami de la famille. Son nom figure dans le procès de l'assassin, qui rapporte, dans son interrogatoire du 16 mai, avoir entendu répéter chez Béliard les menaces d'excommunication que l'ambassadeur du pape avait faites contre le roi qui, disait-on, voulait faire la guerre au saint-père ; propos que Ravaillac déclare avoir été une des causes principales qui l'ont poussé à l'assassinat du roi. J'ai voulu compulser les registres de la paroisse de Touvre, mais tous sont postérieurs à la condamnation de Ravaillac; il n'est donc pas étonnant que ce nom ne s'y retrouve plus, par les motifs que j'ai déjà exposés. D'après tout ce qui précède, il est probable que la famille de Ravaillac était une famille tombée. Nicolas Pasquier assure que l'assassin était, par les femmes, parent de Poltrot de Méré, qui tua le duc de Guise ; mais c'est une assertion sans preuves. Dans tous les cas, nous pouvons affirmer que jamais cette famille n'a possédé le château de Touvre, et qu'il est difficile aujourd'hui de remonter à l'origine de cette erreur populaire qui ne repose sur rien, puisqu'on ne trouve rien écrit nulle part à ce sujet. Le commencement de cette tradition est très certainement récent, et elle est peut-être venue avec certains habitants du lieu dont le nom a une telle ressemblance avec celui de Ravaillac que quelques personnes ont avancé, mais toujours sans preuve, qu'il était une altération du nom de Ravaillac, contemporaine du crime, altération nécessitée par les prescriptions de l'arrêt du parlement de Paris qui défendait de porter un pareil nom.

« En terminant, je demande, moi aussi, à présenter mon explication sur l'erreur populaire relative à l'appellation du château de Touvre, explication qui, quoique hypothétique sur certains points, me paraît infiniment plus près de la vérité que le conte ridicule qui domine encore l'opinion locale. L'hypothèse des Ravaillac propriétaires et édificateurs du château de Touvre est complétement absurde et matériellement impossible; celle que je propose est au contraire très acceptable.

« Il a existé et il existe encore, soit à Touvre, soit à Mornac, une famille Gravaillac, ne différant du nom de Ravaillac que par l'addition d'un G en tête du nom. L'un des membres de cette famille a été fermier des agriers de la seigneurie de Touvre en 1791; il fit cette ferme pour 260 livres au profit du comte d'Artois. Il l'était, je crois, longtemps auparavant, et levait cet impôt odieux aux agriculteurs sur tous les biens mouvant de la châtellenie de Touvre. Voici l'hypothèse : Il y avait établi le siège de sa perception dans une des masures du château, d'où cette habitude a dû naître chez les contribuables, venant payer, de dire : Nous allons chez Gravaillac, ou au château de Gravaillac, appellation qui s'est vite transformée en celle de Ravaillac, par haine ou par corruption. Je le répète donc encore, cette interprétation me paraît infiniment préférable à l'autre.

« Nous avons raconté dans la dernière séance le passé du château de Touvre; nous avons ensuite cherché les raisons qui ont fait donner à ces antiques débris le surnom de château de Ravaillac; nous avons particulièrement examiné l'opinion émise par des auteurs sérieux qui ont prétendu que l'assassin de Henri IV était né à Touvre, près ou dans le château, d'où est venu le nom populaire qui lui a été infligé, et nous croyons avoir démontré avec les documents connus jusqu'ici que cette dernière opinion n'avait aucun fondement. Mais une circonstance a surgi qui nous a mis sur une nouvelle voie : un de nos honorables collègues nous a signalé les œuvres du Père Garasse comme contenant des renseignements précieux sur ce sujet, et nous avons dû rechercher à nouveau s'il y avait là quelques raisons probantes.

« Le jésuite François Garasse, connu généralement sous le nom de *Père Garasse*, est né à Angoulême en 1585. Il fut l'un des prédicateurs et des libellistes les plus fougueux de son temps ; tout le monde connaît ses attaques virulentes contre notre grand de Balzac ; aussi il a mérité d'être classé au nombre des *gladiateurs de la république* des lettres, par Théodore Nisard. Ses œuvres nombreuses sont rares et presque introuvables aujourd'hui ; cependant nous en avons rencontré quelques-unes dans la bibliothèque de feu notre ami Eusèbe Castaigne, et son fils a bien voulu les mettre à notre disposition.

« Après l'assassinat de Henri IV, un très grand nombre de pièces en vers et en prose, en latin et en français, furent publiées à la louange de ce roi, et les jésuites, que dans le temps on soupçonna d'avoir poussé Ravaillac à son action criminelle, furent les plus empressés, sans doute pour exprimer leur horreur de ce crime abominable, à s'associer à ces manifestations. Le Père Garasse, en sa double qualité de jésuite et d'Angoumoisin, prit une part active à ces publications, et en 1611, un an après la mort du roi, il livrait au public un volume de poésies latines (chez Ménier, à Poitiers) dans lequel on trouve d'abord un poème en l'honneur du jeune roi Louis XIII. L'auteur y célèbre, dans seize chants séparés et à titres bizarres, les différents attributs de la royauté, sans oublier l'admirable cure des écrouelles par le toucher, *mira strumarum, curatio obiter tacta*.

« A la suite de ce poème on trouve quinze élégies latines sur la mort de Henri le Grand, *Elegiarum de tristi morte Henrici Magni.... liber singularis*. Dans plusieurs de celles-ci il est parlé d'Angoulême et de Ravaillac, que l'auteur désigne par les épithètes *parricida, perditus, proditor*. Ainsi, la quatrième pièce a pour dédicace : *Ad Engolismam proditoris patriam*. Elle est tout entière employée à consoler, à laver sa ville natale des reproches et des injures que la naissance de Ravaillac dans ses murs appelait sur elle ; il rappelle les services qu'elle a rendus à la royauté, les hommes illustres qu'elle a produits pour un seul criminel de lèse-majesté, et il s'écrie : « Quoiqu'il advienne, non, je ne te renierai pas, ô ma patrie ; non, jamais je ne mentirai à mon origine, quoiqu'un vulgaire stupide, une tourbe sans nom ose nous imputer à crime d'être nés dans tes murs. » En effet, Mesnard, professeur à l'université de Poitiers, venait de publier sa célèbre diatribe contre les Angoumoisins qu'il disait n'être pas français, mais bien une peuplade gauloise séparée et oubliée par son isolement et toujours prête à la révolte, ce qui, pour lui, expliquait le crime de Ravaillac. Dans la quinzième élégie, adressée au père Richomme, jésuite comme lui, Garasse répète à peu près les mêmes idées. Après avoir raconté le meurtre du bon roi, il reprend en ces termes : « Oui, j'en ai honte, et pourtant, « je l'avoue, l'assassin était de ma nation et de ma propre ville.

Perditus ille meæ gentis et urbis erat. »

« Après ces différents aveux, il semble qu'il n'y a plus rien à ajouter, puisque Garasse proclame hautement, quoique avec douleur, que Ravaillac est né à Angoulême. Mais voici la contrepartie ; l'élégie cinquième est intitulée : *Ad Tuparam amnem, gurgite et cycnis olim nobilem,* AD CUJUS OSTIA NATUS EST PARRICIDA. Les soixante-huit vers qui suivent sont une continuelle objurgation contre la Touvre, sur les bords de laquelle est né le scélérat. L'auteur ajoute que les cygnes qui couvraient ses eaux ont fui avec horreur depuis cette naissance criminelle :

Proditor his (mirum) quo tempore natus in oris.
Nullus ab hoc voluit tempore cycnus aquas.

« Voici tout ce qui existe sur ce sujet dans le père Garasse ; mais c'est ce dernier passage seul qui avait été relevé par Castaigne et par Michon. Il me semble que tout cela ne prouve nullement la naissance de Ravaillac au château de Touvre. D'abord le mot *ostia* veut dire *embouchure ;* ce serait donc à l'embouchure de la Touvre, au Gond, par exemple, que la naissance du parricide, d'après la citation précédente, aurait eu lieu. Il est vrai que le mot *ostia* veut dire aussi quelquefois *porte, ouverture,* ainsi que l'expliquent tous les bons lexiques latins et notamment celui de Charles Étienne; on pourrait alors, à la rigueur, soutenir que c'est de l'origine de la Touvre dont il s'agit ici ; mais comprendrait-on que le poète n'ait pas dit un mot ni du bourg de Touvre, ni du vieux château (lieu natal supposé), dont les sombres débris et les cavernes profondes se prêtaient si merveilleusement à célébrer les malédictions dont il accable la naissance du criminel, lui qui, si souvent, reproche à la Touvre d'être un *diverticulum* du Styx :

Vos ite ò Stygis cognata paludibus autra,
Ite ter horrendis autra voraginibus.

« Ce passage du poète, encore une fois, n'est rien moins que probant sur le lieu de naissance.

« Résumons les différents arguments qui ressortent des œuvres du père Garasse. Nous trouvons qu'en plusieurs passages il annonce positivement la naissance de Ravaillac à Angoulême; dans la cinquième élégie seulement, quelques expressions douteuses pourraient faire supposer que celui-ci est né sur les bords de la Touvre, sans dire où; mais pas un seul mot de son origine aux masures du château. Il n'y a donc là rien de positif, rien qui puisse être considéré comme un document historique; nous ne devons y voir que le jeu de l'imagination d'un poète qui a voulu même, en se mettant en contradiction avec ses autres écrits, donner à penser que l'assassin était né près de la Touvre, parce qu'il trouvait dans cette rivière des éléments poétiques dignes d'être chantés par sa plume éloquente et monarchique. Il y a là du caprice; il y a de la rhétorique, si l'on veut; mais de l'histoire, en aucune sorte. Nous croyons donc pouvoir persévérer dans les déductions et les conclusions que nous avons tirées précédemment. Ravaillac n'est pas né à Touvre. On peut ajouter, en outre, que dans une étendue assez grande, la ville d'Angoulême et son territoire bordent la Touvre à son embouchure, ce qui explique suffisamment l'expression du poète. »

Qu'on nous pardonne cette longue citation; elle était nécessaire.

Le travail de M. Gigon, lu à la séance du 21 mars 1868 de la Société sus-nommée, donna lieu immédiatement aux observations que nous transcrivons ci-après :

« A la suite de cette lecture, M. Chabaneau fait observer que ce n'est point dans les œuvres poétiques de Paul Thomas, mais bien dans celles du P. Garasse, que la Touvre se trouve accusée d'avoir donné naissance à l'assassin de Henri IV. Il tient ce renseignement de M. E. Castaigne lui-même, qui lui avait montré le passage de l'auteur précité où le fait est mentionné.

« M. de Rencogne présente aussi quelques remarques au sujet

de la famille de Ravaillac. Il ne conteste pas la situation personnelle à l'assassin telle qu'elle ressort des déclarations faites par lui dans son interrogatoire, mais il ne faudrait pas juger d'après celles-ci de la position sociale de sa famille et de ses proches parents. Deux actes analysés dans l'inventaire de la seigneurie de Bellejoie, des années 1543 et 1586, donnent les confrontations de la maison de François Ravaillac, procureur au présidial d'Angoulême, où il fait sa demeure, « située dans la pa-« roisse Saint-Paul, tenant d'une part à celle de Morice Blanchet, « d'autre à celle de Guillaume Lecomte et au chemin par lequel on « va du Crucifix (porte Périgorge [1]) vers l'église Saint-André à « main droite. » Les minutes de Gibauld, notaire à Angoulême, contiennent encore, à la date du 10 mars 1586, un testament de Michel Ravaillac, procureur au présidial, fils d'un François Ravaillac dont il est donné lecture [2]... Le contenu de ces pièces ne peut laisser aucun doute dans l'esprit du lecteur : elles révèlent bien en faveur de la famille Ravaillac la situation d'une maison aisée de la bourgeoisie. M. de Rencogne ajoute que la famille Ravaillac ne paraît pas être éteinte. D'après une communication qui lui a été faite récemment, elle serait encore représentée en Dauphiné par de petits cultivateurs connus sous le nom de *Ravailhard*, et considérés par les gens du pays comme descendants de ceux qui étaient venus s'établir dans cette province à la suite des proscriptions du Parlement de Paris [3]. »

Pour M. de Fleury, il s'est borné à dresser une généalogie de la famille Ravaillac et à publier, à l'appui de cette généalogie, trente-deux actes notariés ou pièces authentiques : cette publication n'en a pas moins été d'une importance capitale pour nos recherches.

Mais enfin, nous dira-t-on, quelle est donc la maison qui a vu naître le misérable?

---

1. Ceci est une erreur de la part de M. de Rencogne : la porte du Crucifix et la porte Périgorge étaient parfaitement distinctes.
2. Ce testament a été publié à la page 957 du Bulletin 1868-1869, de ladite Société.
3. Nous traiterons cette dernière question sous le chapitre x.

Cette maison est celle située paroisse Saint-Paul, qui, dans le partage précité du 17 novembre 1574, passé devant M° Mousnier, notaire royal à Angoulême, entre le procureur Michel Ravaillac et son frère Jean, père du régicide, avait été attribuée à Jean.

Celui-ci se maria fort peu de temps après, sans doute dans les premiers mois de 1574 (puisque son fils aîné, Geoffroy, naquit en 1576); depuis 1574 il devait habiter la maison dont s'agit; il continua à l'habiter avec sa femme et l'occupait encore en 1593; à ce moment, ses mauvaises affaires ayant commencé, Jean Ravaillac se vit dans l'obligation de louer à un maître cordonnier la boutique située au-dessous et au-devant de la maison; dans ce bail[1] celle-ci est ainsi confrontée :

« Tenant des deulx costez aux ruhes publicques par lesquelles l'on va de la porte Sainct-Martial à la hasle du Pallet et aux Jacobins de la dicte ville, à main dextre et à main senextre. »

Primitivement, cette maison avait appartenu à maître Raymond Lecomte l'aîné, procureur au siège royal d'Angoulême, dont la fille, Marguerite Lecomte, première femme de François Ravaillac, procureur au même siège, fut l'aïeule paternelle du régicide.

Le quatorze novembre 1539, aux termes d'un acte passé devant J. Bohier, notaire à Angoulême, pour le roi, et M° Rousseau notaire audit Angoulême, pour monsieur l'auditeur (sic), maître Raymond Lecomte avait vendu cette maison à maître Pierre Chotard, licencié ès lois, avocat audit siège, moyennant trois cent quatre-vingts livres tournois; mais, le vendeur étant décédé peu de

---

1. Voir aux preuves, la pièce III.

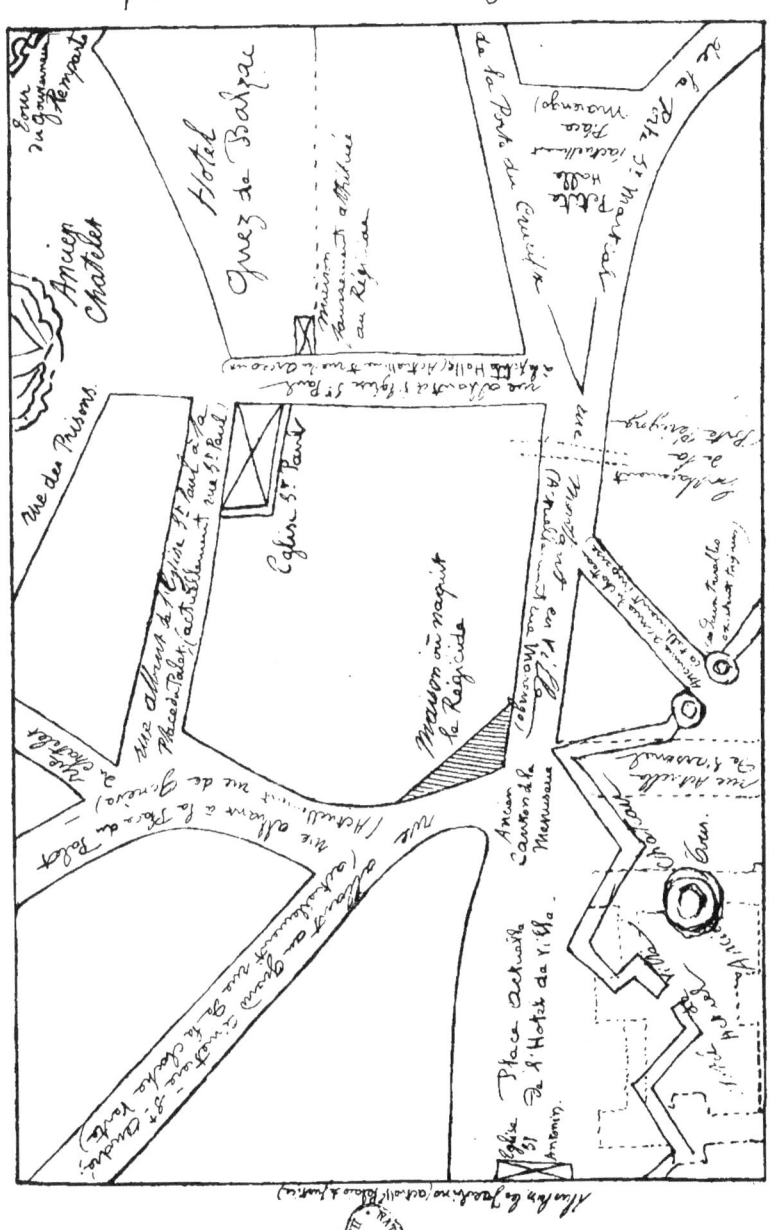

CHAPITRE PREMIER

mois après, Marguerite Lecomte exerça le retrait lignager de la dite maison aux termes d'un acte passé devant Me P. Trigeau, notaire à Angoulême, le 7 juin 1540[1]; au dit acte, la maison est ainsi désignée :

« Une maison avec ses appartenances, entrées et yssues, assise en la dicte ville d'Angoulême, en la paroisse Sainct-Père (erreur évidente de transcription ; il faut lire Sainct-Paul), qui est la maison qui faict le coing de la ruhe appelée de la Menuzerie, en laquelle dicte maison y a deux chambres tenant d'une part à la ruhe par laquelle l'on va de la porte du Crucifix vers le grand cymytière de Sainct-André, d'autre part, à la ruhe par laquelle l'on va de la dicte porte du Crucifix vers la hasle du Pallet, d'autre part à la maison de Morice Blanchet, vitrier [2]. »

A la mort de Marguerite Lecomte, cette maison, par suite d'arrangements intervenus entre son époux survivant et ses deux fils, Michel et Jean Ravaillac, resta la propriété de ces derniers; et nous avons vu que, par le partage du 17 novembre 1574, elle était restée définitivement à Jean Ravaillac; malheureusement pour celui-ci, une soulte avait été mise à sa charge dans les termes que voici :

« Plus est et demeure au dict Jehan la maison entièrement

1. Voir, aux preuves, la pièce I.
2. Dans la curieuse entrée à Angoulême, en 1573, de Philippe de Voluire, publié par Etienne Maquelilan, il est parlé de la maison de maître Robert Blanchet, procureur au siège présidial d'Angoumois et fils, sans doute, dudit Maurice, laquelle maison était vis-à-vis le portail du château ; c'est qu'en effet, en 1573, l'entrée du château pratiquée entre deux tours et franchissant une double enceinte de murailles se trouvait au fond d'une avenue, changée depuis en une impasse, que l'on voit encore à la montée de la rue Marengo. La maison Blanchet était récemment occupée par l'hôtel de la Table-Royale, où le roi Louis XIV descendit en 1650; du moins, M. Castaigne le prétend. (Page 346 et 347 du Bulletin de l'année 1856.)
Pour nous, nous sommes persuadé, au contraire, que la maison Blanchet ne fut jamais digne de recevoir un hôte royal; elle était voisine, il est vrai, du pied-à-terre de Louis XIV, mais plus haut dans la montée de la rue. Cette observation ne fait que confirmer la justesse de notre opinion.

obvenue auxdits Michel et Jehan par le partage faict entre ledit maistre François Ravaillac, leur père, et eulx, size et située en la paroisse de Sainct-Paul de ceste dicte ville : moyennant la somme de trois cens deux livres tournois... payable dans ung an prochain venant... et à faulte de ce faire a esté accordé entre les parties que ladicte maison à eulx obvenue par le dict partage sera vandue et délivrée à celle qui s'en trouvera le dernier enchérisseur, soutz deux criées faictes l'une à l'yssue de messe parrochiale de Saint-Paul, l'autre à la pierre de la Halle etc. »

Cette soulte ne fut point payée; et, en 1579, les deux frères plaidaient à ce sujet devant le présidial d'Angoumois; les poursuites de Michel ne semblent pas avoir été bien rigoureuses, puisque nous avons vu, jusqu'en 1593, Jean rester propriétaire de la maison; Michel s'était contenté, par son testament en date du 15 juillet 1588, de déshériter son frère germain, en instituant pour légataires universels sa sœur et son frère consanguins, qui étaient Catherine Ravaillac, mariée à Pierre Grazillier, et Pierre Ravaillac.

Ceux-ci furent de moins bonne composition que Michel, les frais de cette longue instance en expropriation ruinèrent Jean Ravaillac, et, comme il arrive souvent, la ruine était consommée lorsque, à la date du 9 mars 1605, une transaction intervint entre les parties; elle stipulait notamment :

« Que, suivant et en exécution desdicts jugements et adjudications cy-dessus refférées, les trois quartes parties de la maison faisant le coin de la ruhe du quanton appelé de la Menuserie, tenant d'une part à la maison des héritiers feu Pierre Thevet, vitrier [1], d'autre à la maison de sieur François de Marsillac, qui est

---

[1]. Celui-ci à la place de Maurice Blanchet sus-nommé, également vitrier, et dont il était sans doute ou le gendre ou le successeur.

la maison qui a sa principalle vue sur le château de ladicte ville, et qui est au devant la maison de sire Philippe de Lagrésille, seront et demeureront propres et paisibles auxdicts Grazillier et Catherine Ravaillac, sa femme, etc. »

La maison du canton de la Menuserie, ayant sa principale vue sur le Château et formant le coin de la rue allant soit de la porte Saint-Martial soit de la porte du Crucifix au couvent des Jacobins et au grand cimetière de Saint-André, et de la rue allant des mêmes portes vers la Halle du Palet, c'est-là que naquit le régicide[1].

Cette maison, en conformité de l'arrêt du Parlement de Paris, fut rasée; sur son emplacement, aucune construction n'a jamais été établie depuis.

Cet emplacement, on le distingue, aujourd'hui encore, très exactement :

Au bout et en face de la rue de l'Arsenal, il consiste dans le triangle formé par la rencontre de la rue Marengo (ancienne rue allant des portes Saint-Martial et du Crucifix vers l'intérieur de la ville) et des rues de la Cloche-Verte et de Genève (la première allant des deux portes ci-dessus vers Saint-André, la seconde allant des mêmes portes vers la Halle du Palet), en conservant bien entendu à ces deux rues la même largeur que dans le surplus de leurs

---

[1]. On fera peut être cette objection : qu'il est singulier que la désignation des portes soit différente, ce qui ferait présumer quelque erreur dans nos explications.

Cette singularité n'est qu'apparente ; Il y a trois cents ans, en effet, pour aller soit de la porte Saint-Martial, soit de la porte du Crucifix vers l'intérieur de la ville (les Jacobins, actuellement le palais de Justice, Saint-André, la place de Palet,) il fallait passer par la partie supérieure de la rue que nous appelons actuellement rue Marengo.

C'est absolument comme si, étant à la Madeleine près d'Angoulême, on appelait la route de Limoges route de La Rochefoucauld, route de Montbron, puisque cette route, par des embranchements différents, conduit à l'une et l'autre de ces deux villes.

parcours ; le troisième côté du triangle est formé par la façade de la boucherie portant le n° 4 de la rue de la Cloche-Verte, à côté de l'épicerie Goursat ; cette façade dépend de la très ancienne maison dont elle forme le côté midi ; on voit bien à l'aspect de celle-ci qu'elle est antérieure au xvi° siècle : en effet, habitée en 1543 par Guillaume Lecomte, qui fut conseiller à l'hôtel de ville d'Angoulême en 1574, et sans doute frère ou proche parent de l'aïeule paternelle du régicide, elle passa de la famille Lecomte à la famille de Marsillac ; c'est ainsi que, dans la transaction sus-analysée de 1605, la maison Ravaillac est désignée comme confrontant à la maison de Philippe de Marsillac, petit-fils sans doute de Bernard de Marsillac, maire d'Angoulême en 1520 et en 1522, puis échevin jusqu'en 1534.

Il est certain que si la maison Lecomte-de Marsillac avait eu, au-devant d'elle, au moment de sa construction, l'espace qui s'étend actuellement à son midi, sa disposition eût été absolument différente ; toutes les ouvertures primitives donnent sur une petite cour au nord et au couchant ; il est facile de constater que celles qui existent actuellement au midi, donnant sur l'emplacement Ravaillac, ont été établies après coup ; ces ouvertures au midi n'ont aucune architecture et semblent avoir été pratiquées à la hâte, tandis que le reste de l'édifice a un cachet particulier. Dès la première inspection on est frappé de cette étrangeté. L'on devine bien que, fermée d'abord à la lumière du midi, la maison Lecomte-de Marsillac l'a reçue tout d'un coup, violemment, sur son grand mur, construit primitivement sans ouvertures.

Le curieux manuscrit conservé à la Bibliothèque d'Angoulême et qui, rédigé vers 1774, a pour titre : *Rentes dues au château d'Angoulême par diverses maisons de la ville*, contient au folio 124 la note suivante, qui ne peut laisser aucun doute sur la naissance du régicide : « Paroisse Saint-Paul. Une *place* où était anciennement la maison de Ravaillat, rasée en conséquence de l'arrêt du parlement du 27 mai 1610. »

On peut se demander en quoi devait consister la maison qui occupait l'emplacement dont s'agit et qui, en 1578, avait vu naître l'enfant maudit :

C'était d'abord une pièce au rez-de-chaussée ; à côté, sans doute, un corridor conduisant à l'escalier et à l'étage supérieur ; la pièce dont se composait celui-ci n'avançait pas autant que celle du rez-de-chaussée sur l'une des deux rues (sans doute la rue de la Cloche-Verte). Il n'est pas probable que la maison Ravaillac eût un second étage, car l'acte de 1540 n'en fait pas mention.

Au nord, elle devait être séparée de la maison Lecomte-de Marsillac par une étroite venelle, ainsi que cela se pratiquait souvent autrefois, dont le sol appartenait à cette dernière maison : les deux sortes de gargouilles qui, au faîte du mur Lecomte-de Marsillac, sont encore là, surplombant, ont sans doute été placées jadis pour constater ce droit de propriété.

Dans les premiers temps de leur mariage, l'appartement du rez-de-chaussée servait sans doute aux époux Ravaillac de cuisine et de salle à manger ; une vingtaine d'années plus tard, leur mauvaise fortune les força à se contenter de la chambre haute et à louer la pièce *au-dessous et au-devant* à Estienne Pastoureau, dit Nontron, maître cordonnier.

L'acte de ce bail porte la date du 23 mars 1593 et fut reçu par Lacaton, notaire à Angoulême[1].

Le loyer annuel était de quatre écus.

C'est encore à un maître cordonnier, Pierre Petiboys[2], et moyennant semblable loyer, qu'en 1602, après l'expropriation du père du régicide, cette même boutique était louée par dame Anne Chauvet, épouse de Pierre Ravaillac, écuyer, frère consanguin de l'exproprié.

Voilà donc une vérité incontestable : le régicide est né à Angoulême, au centre même d'Angoulême, à quelques pas seulement de notre hôtel de ville, dans ces quelques mètres carrés où aboutissent la rue de Genève, la rue de la Cloche-Verte, la place de l'Hôtel-de-Ville, la rue de l'Arsenal, la rue Marengo, à l'ombre, enfin, de cette grosse tour du château, où naquit, le 11 avril 1492, l'illustre Marguerite d'Angoulême, aïeule maternelle de notre roi Henri IV.

Ainsi presque côte à côte se trouvaient le berceau de l'aïeule et le berceau du meurtrier.

Quant à cette dénomination de *château de Ravaillac*, donnée au château de Touvre, nous avons vu, et M. Gigon l'a parfaitement démontré, que Ravaillac, ni aucune personne de son nom, n'a jamais été propriétaire de cette vieille forteresse, ruinée d'ailleurs de fond en comble deux

---

1. Voir, aux preuves, la pièce n° III.
2. Ce Pierre Petitbois habitait depuis plusieurs années la paroisse Saint-Paul où il s'était établi par suite de son mariage avec Anne Thevet, fille sans doute du vitrier, voisin de la maison Ravaillac, dont nous avons parlé plus haut.
Une de leurs filles, Anne Petitbois, fut baptisée en l'église Saint-Paul le 20 mai 1603, et eut pour parrain l'écuyer Pierre Ravaillac; la signature de celui-ci : *Ravaillat*, a été biffée en 1610, comme celle de l'acte de baptême de Jean, fils dudit Pierre Ravaillac, en date du 8 janvier 1602. Voir ci-dessus.

siècles avant la naissance du régicide; en revanche, nous ne partageons nullement l'opinion, absolument fantaisiste, de M. Gigon, que cette appellation vient d'une similitude de prononciation et que l'on a dit Ravaillac pour dire Gravaillac.

A notre avis, cette dénomination vient tout bonnement de l'imagination des foules; elles aimaient, au temps jadis surtout, à faire hanter les ruines imposantes comme celles dont s'agit, par les sorcières, par les démons, par le Diable; or, au XVIIe siècle, le Diable! n'était-ce pas, en personne, l'infâme Ravaillac, dont le berceau d'origine, sinon la maison natale, était tout près de là au bas même de cette colline de Touvre, à Magnac?

Sans doute, il eût été plus logique d'appeler maison de Ravaillac cette maison même de Magnac d'où était sortie cette race maudite, et qu'à cette époque de 1610 habitait le père du scélérat; mais cette maison ne parlait guère à l'imagination, c'était vraisemblablement quelque construction vulgaire, ressemblant à peu près à toutes les autres, tandis que là-bas, à l'horizon, cette grande ruine qui se dresse menaçante tient, de même que l'horrible forfait, l'effroi sans cesse en éveil.

Hé bien! la foule accouplera ces deux horreurs voisines: au Ravaillac endiablé de Magnac il faut un cadre digne de lui; elle lui donnera le vieux château, hanté par le Diable, son père;

A l'inverse de cet autre *Château du Diable*, situé dans notre même banlieue d'Angoulême, auquel la foule, comme nous le montrerons plus loin, devait arracher le nom de ses propriétaires, les Ravaillac de Montjon, cousins germains du régicide, pour lui donner un nom d'une horreur équivalente, un nom synonyme : le nom du Diable.

Singulier échange :

A Touvre, Ravaillac est substitué au diable ;

A Rochefort, il est substitué par lui.

CHAPITRE DEUXIÈME

FAMILLE PATERNELLE DE FRANÇOIS RAVAILLAC

Nous avons dit que l'aïeul paternel du régicide était probablement originaire du bourg de Magnac-sur-Touvre.

Cet aïeul avait au moins une sœur, Marguerite Ravaillac, mariée à Sébastien Pichot, sergent royal à Angoulême, de laquelle nous avons déjà parlé : cette famille Pichot devait être elle-même originaire du village de Roffy, à l'embouchure de la Touvre dans la Charente, par conséquent à quelques kilomètres seulement de Magnac; dans la mainenue de 1668, figure Jacques Pichot, sieur de Roffy, avocat au Présidial, puis en 1661 pair et conseiller au corps de ville d'Angoulême : c'était sans doute un descendant de Marguerite Ravaillac; de même que, maître François Pichot, conseiller et élu pour le Roi en l'élection d'Angoulême, puis, en 1599, maître d'hôtel de Mgr du Massez (nous verrons plus loin qu'il eut pour successeur dans cette charge Pierre Mesnard, son cousin, cousin germain du régicide), et Marie Pichot, mariée à François Gervais pair, puis conseiller au corps de ville d'Angoulême, dont la fille, Thérèse Gervais, épousa François Maulde, conseiller au présidial d'Angoulême, et dont le fils, Jean Gervais, lieutenant criminel au même présidial, a laissé un *Mémoire sur l'Angoumois*, publié en 1864 par M. de Rencogne. Il n'a eu garde, bien entendu, de nous parler de sa parenté avec le régicide, voire même de sa double parenté, car son aïeule paternelle, Marguerite Arnauld, pouvait bien être cousine germaine de ce dernier.

François Ravaillac, aïeul paternel de celui-ci, s'établit à Angoulême en épousant en premières noces Marguerite Lecomte, fille, comme nous l'avons dit, de maître Raymond Lecomte, procureur au siège présidial d'Angoulême, charge dans laquelle son gendre Ravaillac lui succéda.

Nous préférons renvoyer aux notes (voir § 1er) nos renseignements sur la famille Lecomte, qui était une famille considérable d'Angoulême.

D'après Nicolas Pasquier, la mère de Marguerite Lecomte, femme par conséquent dudit procureur Raymond Lecomte, était une Poltrot, tante de Poltrot de Méré qui assassina le duc de Guise au siège d'Orléans, en 1563.

Dans le premier moment, la surprise fait mettre en doute cette singulière particularité ; mais Pasquier est tellement explicite à ce sujet qu'il semble difficile de ne pas admettre son récit[1] :

« Un Poltrot, troisième ou quatrième aïeul de ces deux monstres, eut trois filles, dont l'une fut mariée avec un honorable citoyen de la ville d'Angoulême qui eut une fille qu'il maria avec Ravaillac aïeul de ce Ravaillac. »

Et Pasquier ajoute :

« Je le sçay parce que deux de leurs proches parens me l'ont ainsi raconté, qui l'avoyent ouy dire à leur mère, qui a vescu quatre vingts ans. »

Quelles singulières coïncidences présentent ces deux cou-

1. Tome II, page 1065.

Acte du 8 octobre 1574.
Nº 1. Signature de l'aïeul du Régicide. — Nº 2. Signature du Procureur Michel Paravalan
Nº 3. Signature du Père du Régicide. —

Acte 5 octobre 1577.
Signature d'Arnauld de Ramonhac, aïeul du Régicide. —

Quittance
— La suite du document:
même Signature.

sins, et de naissance et de scélératesse ! De croyances religieuses si contraires, leur vie se termine, pour l'un comme l'autre, par un épouvantable supplice ; tous deux assassins, le premier par le feu, le second par le fer ; à leur ambition dans le crime suffit seulement le chef du parti ennemi ; à Poltrot de Méré, le duc de Guise, qui est le vrai chef des catholiques ; à Ravaillac, le roi Henri, qu'il considère comme le chef des huguenots.

Pour terminer ces questions de parenté, nous devons dire que Poltrot de Méré était parent, nous ne savons de quelle façon, du non moins fameux Georges, ou Geoffroy, du Barry de la Renaudie, chef de la Conjuration d'Amboise.

Il est à croire que Ravaillac ne partageait pas avec lui cette parenté, car Pasquier n'aurait pas manqué de nous instruire de cette nouvelle particularité.

Du premier mariage du procureur François Ravaillac avec Marguerite Lecomte naquirent trois fils et deux filles :

L'un des fils, Pierre, mourut jeune et sans alliance ;

Dans le cours du présent travail il a déjà été question plusieurs fois des deux autres fils, Michel, qui fut, comme son père, procureur au présidial d'Angoulême, et Jean, qui engendra le régicide ; dans un instant nous parlerons plus en détail de l'un et de l'autre ;

Une des filles épousa M° Hélie Arnault, procureur au même siège présidial (M. de Fleury ne fait pas mention d'elle dans sa généalogie de la famille Ravaillac) ; c'est sans doute dans la maison d'un de ses fils, M° Allain Arnauld, que se signait à Angoulême, à la date du 24 septembre 1606, la quittance de Mme Ravaillac née Chauvet à MM. de Fontbelle, ses frères ; nous n'avons aucun autre renseignement sur ces Arnauld, qui étaient sans doute une branche des célèbres seigneurs de Chalonne, de Viville et de Bouex ;

L'autre fille, Catherine Ravaillac (prénommée parfois Marguerite), épousa en premières noces M° Pichot, de la famille très certainement de ce M° Sébastien Pichot que nous avons vu plus haut épouser Marguerite Ravaillac, tante de cette Catherine.

De ce premier mariage ne vint sans doute qu'un fils, François Pichot.

Catherine Ravaillac épousa en secondes noces Nicolas Mesnard, qualifié archer, ou même premier archer de M. le vice-sénéchal d'Angoumois ; de cette seconde union naquirent au moins deux fils et une fille :

L'aîné, Pierre Mesnard, est, en 1604, qualifié simplement de praticien ; en 1627, il prend le titre d'écuyer, sieur de la Sauzais et de la Vallade, maître d'hôtel de Mme du Massez, demeurant au château de Bouteville [1];

Le second fils se nommait vénérable personne Jehan Mesnard, religieux profès de Saint-Cybard, prieur de Bourg-Charente, puis aumônier de l'abbaye de Saint-Cybard ;

La fille, Jehanne Mesnard, épousa d'abord Jean Rochier, puis, en 1604, sire Jehan Robin, marchand à Angoulême.

Nous parlerons plus longuement sous le chapitre neuvième de ladite dame Mesnard née Ravaillac et de ses

---

1. Mme du Massez se nommait Marie (*alias* Louise) de Luxembourg, fille de Jean de Luxembourg, comte de Brienne, et de Guillmenette de La Marck ; son mari était Bernard de Béon, seigneur de Massez et de Segonzac, baron de Bouteville, gouverneur et lieutenant général pour le roi, en l'absence du duc d'Epernon, au pays d'Angoumois, Aunis, Saintonge, haut et bas Limousin.

trois enfants, lesquels se trouvaient être, par conséquent, cousins germains du régicide.

Le procureur François Ravaillac épousa en secondes noces Jeanne Cousseau, qui devait être originaire du village d'Argence, paroisse de Champniers près d'Angoulême; du moins, après la mort de son mari, se retira-t-elle dans ce village, et nous verrons plus tard son petit-fils, Jean Ravaillac-Montjon, propriétaire au même lieu de quelques immeubles qui lui venaient certainement de son aïeule paternelle.

De cette seconde union naquirent deux filles et un fils :

L'une de celles-ci, Jacquette, mourut jeune et sans alliance;

L'autre, Catherine Ravaillac, surnommée la Jeune, à cause de Catherine Ravaillac épouse Mesnard, sa sœur du premier lit, épousa Jean Grazillier; à partir de 1604 on ne trouve plus trace ni de l'un ni de l'autre;

Le fils, Pierre Ravaillac, est qualifié écuyer; il sera question de lui sous le présent chapitre après les articles de ses deux frères consanguins.

L'aîné de ceux-ci, Jean, est le père du régicide; le chapitre cinquième lui sera consacré.

Le second, Michel, fut, comme son père, procureur au siège présidial d'Angoumois; il ne se maria pas. Ayant partagé, en 1574, avec son frère Jean, la succession de Marguerite Lecomte, leur mère, il eut des difficultés avec lui au sujet du paiement de la soulte qui, par ce partage, avait été stipulée à son profit; il ne le poursuivit pas cependant avec une vigueur bien grande et se contenta de faire les deux testaments que nous allons transcrire.

Le premier a été publié par M. de Rencogne à la

page 958 du bulletin 1868-1869 de la Société archéologique et historique de la Charente; le voici :

« Au nom du Père et du fils et du Sainct-Esprit, Amen. Je Michel Ravaillac, procureur au siège présidial d'Angoulesme, saing par la grâce de Dieu de ma personne et entendement, considérant n'estre chose plus certaine que la mort, ne plus incertaine que l'heure d'icelle, ne voullant decedder de ce mortel monde sans dispozer des biens. qu'il a pleu à Dieu me donner, ay faict et ordonné mon testament de dernière volonté en la forme qui s'ensuyt :

« Premièrement je recommande mon ame à Dieu le créateur, à la benoiste Vierge Marye et à tous les Saincts et Sainctes de Paradis, affin que Dieu par son fils Jesus-Christ aye miséricorde de moy ; et veulx et entendz que, en cas de mon depces advenant, estre inhumé en l'eglize parrochialle de Sainct Pol de ceste ville d'Angoulesme est sépultures de mes feuz père et mère et prédécesseurs; et au jour de mondict enterrement, huictaine et bout de l'an, être dict tel nombre de messes et faict tels services qu'il sera advisé par mes parans et amys. Et pour le regard de la dispozition de mes biens, je veulx et ordonne, en cas que je decedde sans hoirs procréés de moy en loyal mariage, estre bailhé et payé à Pierre et Catherine Ravailhactz, mes frère et sœur, enffans de deffuncts M° François Ravaillac, quand vivoyt mon père, et de Jehanne Cousseau sa femme en secondes nopces, à chescung d'eux la somme de cent escutz, laquelle je veulx estre prinze sur tous et chescuns mesdictz biens, soient meubles ou immeubles sans que sur icelles sommes mes autres frères et héritiers leur puissent rien précompter ou déduire, répéter ne demander des sommes par moy payées et acquictées puys le depces dudict feu maistre Françoys Ravaillac, et desquelz lesdictz Pierre et Catherine Ravailhactz mesdicts frère et sœur estoient tenus comme donnataires des meubles et acquestz dudict feu, ne que pour ledict don cy-dessus, ils soient tenuz du paiement d'aulcunes débtes par moy dhues.

« Item je recongnoys par cestuy mon présent testament que des meubles que j'ai de présente ma possession en appartient à ladicte Jehanne Cousseau, sçavoir : ung lict de plume etc., (cette nomenclature nous semble inutile à transcrire) ; lesquelz meubles

Ravaillac

Acte du 28 8bre 1596 :
Signature du père du Régicide.

Ravaillac fr. [?]

Ravaillac

Acte de Novembre 1574 (voir page 6, 23)
N° 1. Signature du père du Régicide
N° 2 — Signature du procureur Michel Ravaillac —

Ravaillac

Acte du 9 May 1605 (voir page 24)
N° 1 Signature de l'évêque Ravaillac.
N° 2. — Signature du père du Régicide —

avec les robbes et vestements et autres meubles et ustencilles appartenant, que je n'ai peu pour le présent plus emplement spéciffier, je veulx et ordonne luy estre renduz et délivrés, ensemble luy estre payé la somme qui se trouvera par la cédulle qu'elle a de moy dès le vivant dudict feu M° François Ravaillac, mondict feu père, pour les causes portées par icelle, de laquelle somme ne suys de présent mémoratif.

« Et pour exécuteur de cestuy mon présent testament, je nomme et ordonne Monsieur Guinard Bourgoing, avocat au siège présidial d'Angoulesme, Seigneur du Pourtault [1] lequel je prye et suplye humblement en voulloir prandre la charge, et auquel, pour l'accomplissement de cestuy mondict testament, je oblige tous et chascuns mesdictz biens, et veulx qu'il s'en puisse emparer jusqu'à la parfaicte exécution et accomplissemnt d'icelluy, et ay voullu en estre jugé et condamné par les notaires royaulx en Angoulmois soubzsignez, puis soubz le scel estably aux contraictz en Angoulmois pour le Roy nostre sire, et pour madame la Duchesse d'Angoulesme, par le jugement et condamnation de la court dudict scel, à la juridiction duquel je soubmetz tous mesdictz biens quand ad ce. Faict à Angoulesme, en la maison de mondict notaire le dixiesme de mars mil V° quatre-vingt-six. »

(Signé) M. RAVAILLAC, testateur, MORIN (notaire royal), GIBAULD (notaire royal).

Le mécontentement de Michel Ravaillac contre son frère s'étant encore augmenté, il fit un second testament[2], dont la teneur suit :

« Au nom du Père, du Filz et de Saint-Esprit, Amen. Je Michel Ravailhac, procureur au siege présidial d'Angoulmois, sain, par la grace de Dieu, de ma personne et entendement, considérant n'estre chose plus certaine que la mort ne plus incertayne que l'heure d'icelle, ne voulant décedder de ce mortel monde sans disposer des biens qu'il a pleu à Dieu me donner, ay faict et ordonné mon testament et dernière volunté en la forme qui s'ensuyt. Premièrement je recommande mon âme à Dieu, le créateur, à la

---

1. Il fut maire d'Angoulême l'année suivante, 1587.
La seigneurie du Portail est paroissse de Vars.
2. Il forme la pièce X de celles publiées par M. de Fleury.

benoiste Vierge Marye et à tous les Sainctz et Sainctes de Paradis, afin que Dieu, par son fils Jésus-Christ, en ayt mémoire et miséricorde, et mon décès advenu, veulx estre inhumé en l'église parrochiale Sainct Paul de ceste dicte ville, et sépulture de mes feulx père et mère, sy la comodité le permet, et estre célébré tel nombre de messes et faict tel service que par mes amis sera advisé. Et pour le regard de la disposition de mes biens en cas de décès sans hoirs procréés de loyal mariage, je fais et institue pour mes vrais héritiers en tous et chascuns mes biens meubles et acquestz, et tierce partie de mon bien patrimonial, Pierre et Catherine Ravaillacz, mes frère et sœur, enfans de deffunct maistre François Ravailhac, quand vivoit mon père, et de Jehanne Cousseau, sa femme en secondes nopces, en quelque lieu que les dictz biens soient trouvés, situés et assis ; et advenant le décès de l'ung desquelz sans hoirs légitimes je institue le survivant d'iceux.

« Et pour exécuteurs de cestuy mon présent testament, j'ai nommé et ordonné maistre François Dufoussé et Vincent Barateau, procureurs au siège présidial d'Angoumois, et François Rousseau, mon cousin, lesquelz je prie et supplie de vouloyr prendre la charge, auxquels, pour l'accomplissement, j'ay obligé et oblige tous et chascuns mes biens desquelz je veulx et autantz qu'ils se puissent emparer jusques à la parfaicte exécution et accomplissement d'icelluy, parce que je révoque tous austres qui seroient trouvés avoir cy-devant esté par moy faictz, et en ay voulu estre jugé et condamné par le notaire royal en Engoulmois soubzsigné juré soubz le scel estably aux contractz à Engoulesme, pour le Roy nostre sire, et madame la duchesse d'Angoulesme, etc.

« Faict en la ville d'Angoulesme, en la maison dudict notaire, le quinziesme jour de juillet mil cinq cent quatre vingtz huict, avant midy, présantz maistre Jehan Guilhebaud [1], procureur au siège présidial de ladicte ville, et Joseph Fé [2], clerz tesmoingtz signé l'original avecq moy dict notaire. »

(Signé) J. Guillebaud, M. Ravaillac (testateur), J. Fé, Gibauld (notaire).

1. Nous parlerons de la famille Guillebaud dans le chapitre sixième.
2. Joseph Fé est sans doute l'auteur tant des Fé de Boisragon que des Fé de Segeville et autres.

Depuis ce dernier testament six mois ne s'étaient pas écoulés que Michel Ravaillac faisait avec la seconde femme de son père le singulier traité dont la teneur suit [1].

« Sachent tous que par devant le notaire royal en Angoumois et pour madame la duchesse d'Angoulesme et tesmoingz cy bas nommez, ont estez présentz et personnellement establys en droict Jehanne Cousseau, veuve de maistre Françoys Ravaillac, quand vivoyt procureur au siège présidial d'Angoumois, d'une part; et maistre Michel Ravaillac, procureur audict siège, demeurant les partyes en ceste dicte ville d'Angoulesme, d'autre part; laquelle Cousseau, de sa libéralle volunté, a prins en sa maison et compaignye ledict maistre Michel Ravaillac, et icelluy a promis nourryr, traicter et blanchir, le tout bien et convenablement selon son estat et quallité, le tout durant le temps et espace d'ung an ayant commensé dès la feste de Noël dernier et finissant à semblable jour, ledict an finy et révolu et passé, pour le prix et somme de trante escutz sol, payable par demye année et à l'advence de chascune d'elles, etc.

« Faict en la ville d'Angoulesme en la maison dudict notaire, après midy, ès présances de maistre Jacques Bounet, maistre Mangot Coulland, demeurant en ladicte ville, tesmoingz requis, le douziesme janvier mil cinq cens quatre vingtz neuf. »

(Signé) J. Bounet, M. Ravaillac, M. Coulland et Gibauld (notaire).

Quant à Pierre, issu du second lit, il naquit vers 1530; vers 1600, on le trouve avec la qualification d'écuyer, titre qui n'est pas encore mentionné dans un acte du 20 avril 1598.

D'où lui venait cette noblesse?

Nous avons vu qu'il ne la tenait pas de son père; d'un autre côté, aucun titre ne fait mention de la charge ou fonction qui aurait pu la lui faire acquérir. Par conséquent, nous

---

1. Cette pièce forme la onzième de celles publiées par M. Fleury.

ne trouvons qu'une raison à ce titre ; une action d'éclat, un service rendu au Prince.

Pierre Ravaillac s'allia à une famille distinguée en épousant, vers 1600, Anne Chauvet, dont les frères, François et Jean Chauvet, sont qualifiés écuyers, sieurs de Fontbelle[1].

En 1602, après l'expropriation du père du régicide, Pierre Ravaillac et sa femme habitaient, à Angoulême, la maison du canton de la Menuserie où celui-ci, leur neveu, était né en 1578[2]. En 1604, Pierre assistait au contrat de mariage de Jehanne Mesnard, sa nièce, avec Jehan Robin ; vers cette époque, il céda à sa sœur germaine Mme Grazillier tous ses droits dans la succession de leur frère consanguin Michel Ravaillac le procureur, aussi ne la voit-on figurer que pour ordre dans la transaction de 1605.

En 1606, Pierre et sa femme habitaient le village de la Rochette, paroisse de Vouzan.

Il existait au moment de l'attentat commis par son neveu, car la qualification d'oncle qui figure dans l'arrêt du Parlement ne peut s'appliquer qu'à lui.

Il est probable qu'il mourut de douleur et de honte, peu après 1610 ; sa trace disparaissant vers cette époque.

Nous connaissons comme issu de son mariage Jean Ravaillac, baptisé en l'église Saint-Paul d'Angoulême le 8 janvier 1602. (Cet acte de baptême se trouve transcrit ci-dessus.)

Un fils aîné, Isaac-Michel, devait être né de son union.

En résumé, en laissant de côté les familles Pichot,

---

1. Nous parlerons de la famille Chauvet sous le § 2 des notes.
2. A moins qu'ils n'habitassent la maison qui, sur cette même paroisse Saint-Paul, dans une rue que nous ignorons, avait appartenu à la mère dudit Pierre Ravaillac.

Ravaillac
Acte du 20 Avril 1598 (Voir page 39)

Ravaillac
Égl. St. Paul, aug. mt.
Bateme du 20 mai 1608
(Voir page 28)

Jobin

Ravaillac
Contrat de Mariage de Mme Robin
du 25 Juin 1684 (Voir page 40)

Ravaillac
Acte du 24 Sept. 1666
(Voir page 33)

Signatures
de l'Ancêtre Pierre Ravaillac.

Lecomte et Arnauld, avec lesquelles le père du régicide semble n'avoir eu que des relations bien rares, la famille paternelle du régicide se composait, en 1610, en outre de son père :

1° De Catherine Ravaillac, sœur germaine de celui-ci, veuve de Nicolas Mesnard, demeurant à Angoulême, et mère de Pierre Mesnard alors simple praticien ; de Jehan Mesnard, religieux profès de l'abbaye de Saint-Cybard, prieur de Bourg-Charente et peut-être déjà aumônier de ladite abbaye ; et de Jehanne Mesnard, mariée depuis 1604 à sire Jehan Robin, marchand à Angoulême, tous les trois par conséquent, cousins germains du régicide ;

2° De Pierre Ravaillac, écuyer, frère consanguin du père de celui-ci, né vers 1570 : demeurant alors à la Rochette, paroisse de Voujan, marié vers 1600 à Anne Chauvet de Fontbelle ; et père d'Isaac-Michel et de Jehan Ravaillac, alors âgés d'environ dix ans.

Mais bien avant cette année de 1610, le père du régicide ne voyait plus aucun de ses parents ; les difficultés d'intérêt avaient commencé leur division ; la haine n'avait fait que grandir dans l'âme de Jehan Ravaillac en se voyant déshérité par son frère ; ses dérèglements, sa ruine, sa misère avaient éloigné de plus en plus de lui et des siens tous parents et alliés.

Le régicide n'avait donc eu certainement que très peu de relations avec ses cousins et parents dans la branche paternelle.

CHAPITRE TROISIÈME

FAMILLE MATERNELLE DU RÉGICIDE

(LES DUBREUIL)

Jean Ravaillac, père du régicide, épousa vers 1575, Françoise Dubreuil, sœur de messire Nicolas et Jean Dubreuil, chanoine de la cathédrale d'Angoulême; l'un des deux avait même été baysle[1] du chapitre, en 1572.

A quelle famille appartenaient ces Dubreuil?

Ce nom est si répandu dans chaque province, et porté par tant de familles étrangères les unes aux autres que tout d'abord la recherche de cette origine nous a semblé singulièrement difficile.

Nous avions bien constaté l'existence dans notre ville, vers cette même époque :

De Jean du Breuil, écuyer, seigneur dudit lieu, qui en 1593, était marié à Jeanne de Saint-Marsault, veuve en premières noces de Guy Géraud, écuyer, seigneur de Frégeneuil près d'Angoulême; et de Pierre du Breuil, écuyer, seigneur dudit lieu, qui, en 1616, habitait Angoulême;

---

[1]. Dignité ecclésiastique, répondant au titre d'official de l'évêque.

mais rien ne permettait de rattacher, sérieusement, ceux-ci à la mère de Ravaillac.

Nos investigations dans les vieux registres des paroisses d'Angoulême nous ont fait rencontrer enfin un acte de baptême en l'église Saint-Martial portant la date de novembre 1606, dans lequel figure, en même temps que la signature de Ravaillac, celle de Jehan du Breuil, seigneur de Fontreau [1].

Nous pensons donc que la mère de Ravaillac et les chanoines ses frères appartenaient aux du Breuil de Fontreau. Ceux-ci, beaucoup moins connus qu'une de leurs branches cadettes, les du Breuil de Théon de Châteaubardon, étaient originaires du charmant castel de Fontreau, paroisse de Saint-Genis en Saintonge; caché dans les bocages de la vallée du Toude, ce manoir appartient actuellement à M. le marquis de Dampierre, de Plassac.

M. Rainguet, dans ses *Études sur l'arrondissement de Jonzac*, donne, page 109 de cet ouvrage, la généalogie de la famille des seigneurs de Fontreau, de la manière suivante :

1. Jean Dubreuil, seigneur de Fontreau;

2. François, marié (en 1526) à Marie Dexmier;

3. François IIe du nom, marié en 1557 à Yzabeau de la Faye;

4. Jacques, marié en 1579 à Louise de Lesneveur ou de Le Sueur;

5. Abel du Breuil, seigneur de Fontreau, marié en 1618 à Marie des Montis, puis, en 1630, à Esther Alain, etc.

---

1. A cette date, celui-ci était parrain de Jehan Galliot, fils de Pierre Galliot et d'Isabeau Asselin; la marraine se nommait Mathurine Chenault.

Ravaillac — Acte du 7 Janvier 1593.

Ravaillac — Acte du 21 Septembre 1593.

Ravaillac — Eglise St. Paulo Augmis Baptismi (Reg. 15/1640) 9 Janvier 1607 (voy. page 44)

Ravaillac fils de Jean Ravaillac — Acte du 7 Novembre 1606.

Eglise St. Martin, à Angoulême
Baptême de Jehan Gaillard
Novembre 1606 (voy. page 44)

Ravaillac

Signatures de Geoffroy Ravaillac,
Père du Régicide.

CHAPITRE DEUXIÈME

Cette famille fit ses preuves de noblesse en 1598, elle portait pour armes *d'azur à la bande d'argent.*

Elle paraît s'être éteinte, au commencement de ce siècle, dans la personne de Marguerite-Julie du Breuil de Fontreau, mariée à M. de Navarre, dont la fille épousa M. le baron de Ravignan, frère de l'illustre prédicateur.

La généalogie ci-dessus ne mentionne que la filiation des seigneurs mêmes de Fontreau ; il n'est donc pas étonnant que les chanoines du Breuil n'y soient pas mentionnés, non plus que bien d'autres personnages de cette famille vivant à la même époque, notamment : *François Dubreuilh sieur de Fonraulx, chatellanye de Plassac*, qui est un des 579 protestants saintongeais condamnés à mort le 6 avril 1567 par arrêt du Parlement de Bordeaux.

Les décès des chanoines Dubreuil eurent lieu sans doute dès le commencement du XVIIe siècle[1] ; avec eux leur sœur perdait tout, pour ainsi dire, car ils l'avaient assistée efficacement ; c'étaient eux certainement qui avaient appris à lire et à écrire à leur neveu François[2], eux qui l'avaient fait entrer chez leur ami le conseiller Rozier ; aussi, après ces décès, Françoise Dubreuil est promptement obligée de contracter plusieurs emprunts, puis de se séparer de

---

1. Mme Ravaillac eut entre autres cohéritiers, dans la succession de son frère, Nicolas-François Redon, écuyer, receveur du taillon à Angoulême, seigneur de Neuillac, Pranzac, Hurtebize, Boishedeuil, maire d'Angoulême en 1578, puis échevin jusqu'en 1607. (Voir aux preuves la pièce VI.) Nous parlerons de la famille Redon dans nos notes § 3.

2. Interrogatoire du 14 mai :

« Enquis s'il a apprins à lire et escrire et quels sont les maistres qui l'ont enseigné, puisqu'il dict qu'il faict profession d'apprendre à lire, escrire et prier Dieu aux enfants.

« Dict qu'il y a plus de vingt ans qu'il n'a eu maistre pour l'enseigner, et qu'avant ledict temps, il y a eu *deux prebstres*, sous lesquels il a apprins à lire et escrire. »

biens d'avec son mari, peu après de se séparer de fait d'avec lui, et enfin de vendre l'immeuble qui lui appartenait personnellement.

Cet immeuble consistait en une maison située à Angoulême, dans cette même paroisse Saint-Paul où habitait la famille Ravaillac ; elle était située non pas rue des Arceaux, comme le prétend M. Castaigne, mais bien rue Saint-Paul, puisqu'elle confrontait, ainsi que nous l'avons dit sous le chapitre premier, d'une part, à la rue publique allant de l'église Saint-Paul à la halle du Palet[1].

Par acte reçu, Lacaton, notaire à Angoulême, le 7 décembre 1606, Françoise Dubreuil vendait cette maison à Me Adam Roux, procureur au siège présidial d'Angoulême ; celui-ci loua immédiatement ladite maison à François Ravaillac, qui l'occupait avec sa mère au moment de son attentat.

Pour en revenir aux chanoines Dubreuil, il est certain qu'ils eurent une influence considérable sur l'enfance de leur neveu : celui-ci dut entendre de ses oncles les récits, maintes fois répétés, de toutes les violences qu'ils avaient souffertes des Protestants en 1568 ; ces récits, cette fièvre qui précipitait alors les uns contre les autres Catholiques et Réformés, avaient sur le cerveau malade de François une

---

1. Cette rue est nécessairement la rue Saint-Paul puisque la direction indiquée est la halle du Palet, soit le nord-ouest, tandis que la rue des Arceaux, conduisant de l'église Saint-Paul à la place Marengo, a sa direction vers le midi.

La maison habitée par Ravaillac en 1610 était donc une de celles sur l'emplacement desquelles a été édifiée, au commencement de ce siècle, la maison Astier-Rivaud, à moins qu'elle n'ait été de l'autre côté de cette même rue, du côté de l'église Saint-Paul, en face par conséquent de cette même maison.

action bien autrement terrible que sur l'esprit de ses coreligionnaires : ils allumaient en lui, contre les Hérétiques et leurs chefs, des transports qui ne devaient pas toujours rester renfermés dans son âme.

Sans vouloir excuser le régicide, il nous semble nécessaire d'expliquer, sous un chapitre spécial, qui sera le suivant, quels faits avaient dû semer dans cette nature sauvage les premiers germes de sa fureur sanglante.

CHAPITRE QUATRIÈME

ANGOULÊME A LA FIN DU XVIe SIÈCLE

Un érudit, plus compétent que nous, mettra sous nos yeux, prochainement sans doute, l'image saisissante de ce qu'était notre ville il y a trois cents ans; pour nous, nous devons nous borner à constater qu'au seizième siècle Angoulême offrait bien encore l'aspect d'une ville du moyen âge.

Son château, vieux déjà de trois cents ans, occupait sur notre plateau tout l'espace au midi, délimité, d'un côté, par la rue Marengo, les places de l'Hôtel-de-Ville et du Marché-Neuf et par le parc et, d'autre côté, par les vieilles murailles et bastions qui sont là encore, surplombant le vallon de la porte du Sauvage et la rue de Bélat jusqu'à la porte du Secours. Ce château n'avait déjà plus sa vie brillante d'autrefois, alors qu'il était habité par ses comtes et leur cour nombreuse, occupée sans cesse de joutes et de chasses, de tournois et d'amours. Maintenant, à ce titre de comte, dont se contentaient les princes légitimes, a succédé un plus haut titre, un titre ducal il est vrai, mais qui n'est plus porté que par des bâtards, puisque les derniers Valois ne trouvent plus de force que pour faire des bâtards : c'est ainsi qu'après Henri, grand prieur de France, fils naturel du roi Henri II, le duché d'Angoulême passe (août 1582,

18 avril 1591) à Diane de France, fille naturelle du même roi, mariée en premières noces à Henri Farnèse duc de Castro, et en secondes noces, à François duc de Montmorency, pair et maréchal de France; pour arriver au neveu naturel de celle-ci, Charles, fils naturel du roi Charles IX[1].

C'était comme une idée fixe chez tous ces souverains, de faire porter à leurs enfants illégitimes le nom du berceau de leurs illustres ancêtres.

Au nord-est du château, le quartier Saint-Martial, d'abord simple faubourg, était, depuis le treizième siècle, pareillement entouré de fossés et de remparts; ce nouveau quartier communiquait par la vieille porte Périgorde (située vers le couchant de la place Marengo) à l'ancienne cité.

Celle-ci comprenait donc seulement la partie au nord de la ligne qui serait tirée, au levant, de l'hôtel de Guez de Balzac, près des anciennes prisons du Châtelet, jusqu'à l'Hémicycle, au couchant.

Ainsi resserrée dans son étroite enceinte, Angoulême, avec quelques milliers d'habitants tout au plus, ne comptait pas moins de neuf paroisses, qui étaient :

Au levant, Saint-Martial, et Saint-Paul (près du Châtelet);

Au centre, Saint-Antonin (place de l'Hôtel-de-Ville), Saint-André, le petit Saint-Cybard;

Au couchant, Notre-Dame de Baulieu;

Au midi, Notre-Dame de la Peyne et Saint-Jean, qui étaient près de la cathédrale; et aussi Saint-Vincent, qui se rapprochait de l'Hémicycle actuel.

---

1. Une dernière fois avant de s'éteindre, à la fin du siècle suivant, ce titre ducal, porté si diversement, devait être honoré par le Dauphin et sa noble compagne, l'auguste fille du roi-martyr.

Au-dessus de ces neuf églises paroissiales, et des divers couvents et monastères, parmi lesquels doivent être cités les Jacobins et les Cordeliers, planait la cathédrale Saint-Pierre, avec ses deux hauts clochers.

Et nous n'avons point à parler ici des églises paroissiales, des abbayes, des monastères, placés aux flancs de la montagne :

Saint-Ausone, avec son église paroissiale et sa royale abbaye ; Saint-Jacques de Lhoumaud ; Saint-Martin et Saint-Eloi, son annexe ; Saint-Yrieix ; enfin, l'illustre abbaye de Saint-Cybard, qui gardait avec orgueil les tombeaux des plus anciens souverains de la province.

En vérité, c'était un monastère qu'Angoulême à cette époque ; elle en avait toutes les habitudes, toutes les croyances ; et, tandis que le *plat pays* (pour nous servir de l'expression d'Étienne Pasquier) battait, avec le flot, croissant sans cesse, de ses opinions ennemies, les hautes murailles de sa capitale, celle-ci, planant au-dessus de toutes ces petites villes ou bourgades, se dressait, inébranlable dans sa foi catholique, apostolique et romaine, avec la même ténacité que sur l'assise de ses rochers.

A côté de ce nombreux clergé, de ces moines, le corps ou maison de ville (consistant en cent membres, composé d'un maire, de douze échevins, de douze conseillers et de soixante-quinze pairs), avait une influence prépondérante, et aussi profondément catholique, c'est-à-dire, à peu de choses près, du parti de la Ligue.

« On ne saurait presque s'imaginer, dit Guillaume Girard, dans sa *Vie du duc d'Epernon*, combien cette faction de la Ligue avait préoccupé d'esprits ; il n'y avait point de famille dans laquelle elle n'eût ses partisans ; point de ville où elle n'eût ses chefs reconnus ;

ny de provinces où son crédit ne fût remarquable; de sorte que, dans le conseil (du maire d'Angoulême en 1588), composé, pour la plupart, *de gens de cette faction*, il fut résolu, etc. »

Aussi quelle douleur, quelle rage, lorsque la haute cité fut prise une première fois en 1562 (les protestants l'occupèrent cette année-là du 16 mai au 6 août), puis emportée d'assaut en 1568!

Notre intention n'est pas de donner ici le détail de toutes les horreurs que les Réformés commirent alors à Angoulême; énumérons-en seulement quelques-unes;

Jean Girard, maire d'Angoulême, fut chassé (ce n'est là qu'une peccadille);

Le plus élevé des clochers de la Cathédrale fut détruit (il n'a jamais été relevé depuis); le chœur et la chapelle Saint-Gelais, ruinés; le mausolée de notre bon comte Jean, anéanti; l'abbaye de Saint-Cybard, saccagée de fond en comble; celle de Saint-Ausone, entièrement rasée; l'église de Saint-Antonin, à peu près démolie, de même que celle de Saint-André, dont les prêtres (car elle comptait alors un prieur et douze chanoines) furent tués ou mis en fuite; l'église des Jacobins, entièrement ruinée, ainsi que la plupart de leurs bâtiments; plusieurs des religieux de ce monastère furent mis à mort, entre autres le prieur, René Poivit, docteur en Sorbonne, et théologal de la Cathédrale.

Vigier de la Pile nous raconte de la manière suivante l'assassinat de celui-ci :

« Il employa tout ce que son zèle put lui suggérer pour adoucir la fureur des hérétiques. Tout fut inutile. Ils tournèrent leur rage contre lui, le firent d'abord fouetter dans les rues et le condamnèrent ensuite à mort. Leur ayant demandé la permission de dire la messe pour la dernière fois, avant d'aller au supplice, ils lui firent élever un échafaud sur le pont de Saint-Cybard et l'habillèrent, en dérision, de vieux cuirs au lieu d'habits sacerdotaux. Ce saint prêtre exhorta vivement les fidèles à persévérer dans la sainte doctrine. Ces hérétiques, las de sa patience, le précipitèrent dans l'eau, et lui tirèrent plusieurs coups d'arquebuse dont il mourut. »

Le gardien des cordeliers, le Père Greslet, homme fort docte, fut pendu à un mûrier du jardin des jacobins qu'ils avaient converti en une place (d'où son nom actuel de place du Mûrier); à cette exécution présidait l'amiral de Coligny, chef de l'armée des rebelles, avec force compagnie.

Des sacrilèges épouvantables furent commis dans toute la ville; les ossements des anciens princes de la contrée, furent déterrés et brûlés.

C'était, on le voit, à trop juste titre qu'Étienne Pasquier, sus-nommé, s'écriait, dans son plaidoyer pour la ville d'Angoulême, devant le Parlement de Paris, à la date du 4 février 1576 [1]:

« Nous avons enduré le siège, rendus par composition, après avoir souffert divers assauts; depuis, nous rachetasmes nos vies, nos biens et nos personnes pour quarante mille livres, qui furent promptement payées : soudain que le payement en est fait, on se saisit particulièrement des principaux de la ville : maistre Jean Arnauld, lieutenant général de la ville, homme plein d'intégrité, pour n'avoir pas voulu adhérer à cette faction, se trouve étranglé misérablement dans sa maison.

« La vefve du feu lieutenant criminel, aagée de soixante-ans, traînée honteusement par les cheveux au milieu des rues : deux cordeliers, pendus pour avoir presché la parole de Dieu. Bref, jamais tant de violence, outrages, et inhumanités ne furent commises qu'en ce lieu. Non contents de cela ils s'attaquèrent aux saincts lieux et au tombeau de Saint-Jean, quart ayeul du

---

1. Tome XI, pages 141 et 157.

Roi : principale remarque de la maison des Valois. Ils y logèrent et hébergèrent leurs chevaux, etc. »

On fera cette objection : qu'ailleurs, les catholiques commirent des atrocités à peu près semblables à celles que nous venons d'énumérer.

Cette objection n'est que trop bien fondée, nous le reconnaissons ; mais à l'époque troublée dont nous parlons, elle n'aurait point été acceptée par ceux de nos pères qui dorment du sommeil des justes dans les cimetières, aujourd'hui bouleversés, de nos églises d'Angoulême.

Ainsi le milieu dans lequel se passa la jeunesse de François Ravaillac, était violemment animé contre les hérétiques ! son père, greffier de la mairie d'Angoulême, faisait, en quelque sorte, partie de ce corps de ville dont nous avons parlé, et ses oncles maternels, les chanoines, avaient assurément une aversion extrême contre les réformés, dont ils réprouvaient la doctrine, dont ils pleuraient sans cesse les atrocités.

Ces récits de deuil, entendus de toutes ces bouches, François n'en constatait que trop la déplorable réalité lorsqu'il allait s'incliner devant ces nombreux sanctuaires où le poussait son ardente foi.

Sans doute, il n'y avait point encore en lui de pensées de meurtre, et il partit trop jeune pour Paris pour avoir eu connaissance, par quelque moine exalté, des détestables ouvrages de Mariano, de Bellarmin, de Suarez ; on peut juger toutefois que son enfance avait bien préparé cet esprit malade à de dangereuses exaltations.

CHAPITRE CINQUIÈME

LE PÈRE ET LA MÈRE, LE FRÈRE ET LES SŒURS DU RÉGICIDE

Voyons, d'abord, en quels termes Ravaillac parle de son père, de sa mère et de ses sœurs devant le Parlement.

Nous extrayons à ce sujet de l'interrogatoire du 18 mai, les demandes et les réponses suivantes :

« Enquis de ses père et mère :
« A dict, son père suivant la pratique[1] et sa mère séparée d'avec le père.
« Enquis s'il estoit avec son père et sa mère :
« A dict qu'il estoit avec sa mère, non avec son père, qui veult mal à sa mère et à luy.
« Si son père et sa mère avoyent l'œil sur lui et à ses déportements :
« A dict que son père s'est depuis peu séparé d'avec eulx, et y a plus de six ans qu'il ne vouloit bien à l'accusé qui n'a esté qu'avec sa mère seule, laquelle a été délaissée par les sœurs à luy respondant.
« Enquis de ses mœurs et commodités :
« A dict que ses père et mère vivoyent d'aumône le plus souvent.
« Remonstré que toute sa vie a esté meschante et qu'il a commencé en oultrageant père et mère réduits à mendicité :
« Dict qu'il ne se souvient pas et que son père et que sa mère sont encore vivans qui diront tout le contraire, aussi tout le peuple. »

Par ce que nous avons dit dans les chapitres précédents, il est facile de se convaincre que le père de François Ra-

---
[1] Sans doute s'occupant de minimes affaires juridiques.

vaillac était un triste personnage; né entre 1540-1550, il avait épousé, vers 1575, Françoise Dubreuil, et nous avons vu que les deux époux avaient habité jusque vers 1600 la maison située sur la paroisse Saint-Paul, au canton de la Menuserie, qui appartenait en propre à Jean Ravaillac.

Le régicide était né dans cette maison, comme nous l'avons prouvé sous le chapitre premier; et sans doute également son frère et leurs sœurs.

Dans un acte du 19 juin 1588, nous trouvons Jean Ravaillac qualifié « greffier de la mairie d'Angoulême et maréchal des logis d'icelle[1] »; en 1592 il est qualifié simplement « marchand » et nous avons vu le régicide dire, en 1610, que son père *suivait la pratique*.

Il est probable que, dès la fin de la dite année 1588, Jean Ravaillac avait cessé ladite fonction de greffier de la mairie d'Angoulême, puisque, l'année suivante, 1589, il était fermier du gros de la paroisse de Juillac-le-Coq, qui appartenait à MM. les doyen, chanoines et chapitre de l'église cathédrale Saint-Pierre d'Angoulême; les chanoines, ses beaux-frères, l'avaient sans doute aidé à obtenir cette ferme.

Nous présumons que Jean Ravaillac avait été obligé de céder son greffe à la suite d'un grave événement qui, au mois d'août 1588, était venu agiter violemment les habitants d'Angoulême : le maire, François Normand, écuyer, sieur de Puygrellier, et son conseil, qui, pour la plupart,

---

1. Selon nous ces fonctions équivalaient à celles de secrétaire du maire et de préposé à la garde et à l'entretien des bâtiments de la mairie; le greffier était chargé sans doute de toutes les écritures à la mairie.
En 1619 cette fonction de secrétaire de l'hôtel de ville était occupée par un voisin de la famille Ravaillac, le sieur Blanchet, dont il est question dans le chapitre premier.

était composé de ligueurs, essayèrent, avec l'autorisation tacite du roi Henri III, de s'emparer du duc d'Epernon[1], gouverneur de la ville, afin de l'empêcher de se joindre au roi de Navarre.

« Environ cinquante conjurés, nous dit Girard dans son *Histoire du duc d'Epernon*, étaient disposés dans les maisons proches du château (nous savons que celle de Jean Ravaillac était précisément une de celles-là); au son du tocsin, le peuple court de tous côtés aux armes et se loge aux plus proches maisons du château, etc. »

Il est fort probable qu'à la suite de cette chaude affaire, dans laquelle le duc d'Épernon faillit perdre la vie et qui fut sanglante de chaque côté des combattants (le maire, son frère et une quarantaine d'habitants furent tués), Jean Ravaillac ait été obligé de résigner ses fonctions : il avait dû se compromettre gravement dans cette émeute, à la suite du maire, dont il était pour ainsi dire le secrétaire, et le duc d'Épernon, une fois vainqueur, exigea sans doute sa démission.

Quoi qu'il en soit, la situation de Jean Ravaillac allait toujours déclinant : la soulte stipulée dans le partage de 1574 et qu'il n'avait pu payer à son frère Michel avait été la première cause de ce déclin; il perd ensuite la presque totalité de l'héritage de ce frère et est exproprié par son frère et sa sœur du second lit, légataires universels de ce dernier; la mort de ses beaux-frères les chanoines lui enlève une dernière ressource; en 1605, sa femme est obligée de faire prononcer sa séparation de biens d'avec lui; elle a dû recourir à divers emprunts et

---

[1]. Jean-Louis de Nogaret de la Valette, duc d'Èpernon, qui joua un rôle si considérable sous les trois règnes d'Henri III, d'Henri IV et de Louis XIII.

elle se voit finalement contrainte de vendre ses immeubles personnels.

Pour comble d'infortune elle est maltraitée par son misérable mari ; une séparation de fait intervient entre eux, Françoise Dubreuil revient habiter avec son fils à Angoulême, qu'elle avait quitté pendant quelque temps pour habiter avec son mari dans la maison de Magnac ; celui-ci y continue au contraire sa résidence, avec une créature digne d'un tel compagnon.

Les enfants de Françoise Dubreuil lui seront-ils du moins de quelque consolation ?

Elle avait eu de son mariage deux fils et plusieurs filles[1]. M. de Fleury, dans sa *Généalogie de Ravaillac*, ne parle pas de ces dernières ; mais nous voyons le régicide, dans son interrogatoire du 18 mai, se plaindre *que sa mère eût été délaissée par ses sœurs à luy respondant*.

Sans doute l'ignominie de leur père et la misère du logis[2] avaient causé cet abandon coupable.

Nous pensons que le régicide avait au moins deux sœurs, que l'une au moins s'était mariée, et qu'en 1610 elles prirent pour nom patronymique, de même que leur tante paternelle, le nom de Montjon ; nous nous expliquerons d'ailleurs plus complètement sur cette question dans le chapitre ix° ci-après.

D'après nous, une des sœurs du régicide serait Jehanne...

---

1. Nicolas Bourbon et, d'après lui, Champflour les nomment « les cruelles sœurs ». « On voit sa sœur desloyale meslanger l'aconit pour perdre l'innocent. »

2 Au nombre des aumônes du chapitre de la cathédrale d'Angoulême, nous remarquons : 16 sols donnés le 30 mars 1607 à Ravaillac, 8 sols donnés le 1er février 1608 au *pauvre Ravaillac* (sic), 10 sols donnés le 14 mars suivant également au *pauvre Ravaillac*, qui était sans doute Ravaillac le père.

Montjon, veuve en 1611, de noble Jehan Maquelilan, sieur de la Courrière.

Françoise Dubreuil était plus malheureuse encore dans son fils aîné, Geoffroy, né vers 1576[1] :

Avant que cette terrible année 1610 eût sonné, celui-ci a été successivement coupable (ou tout au moins a-t-il été accusé) :

1° D'avoir, en 1606, volé des brebis à son père ;

2° D'avoir, à la même époque, en la maison de son père, au bourg de Magnac, renversé celui-ci et de lui avoir arraché la barbe et les cheveux ;

3° D'avoir maltraité très gravement un sieur Boyron (nous verrons que le régicide fut également impliqué dans cette affaire et qu'il fut condamné ainsi que Geoffroy, pour cette tentative de meurtre) ;

4° D'avoir falsifié un arrêt de la cour du Parlement de Paris (sans doute la grosse de cet arrêt) ;

5° D'avoir volé un sieur André Rousseau dit Pelluchon, marchand à Angoulême ;

6° D'avoir étranglé Micheau Soullet, poissonnier à Angoulême.

Rappelons de suite, d'après les publications faites par M. de Fleury, qu'aussitôt après la signification de l'arrêt du Parlement frappant le régicide et sa famille, Geoffroy fit enregistrer au présidial d'Angoulême son intention de prendre pour nouveau nom patronymique celui de Montalque, l'arrêt est du 27 mai ; la procuration que la mère du régicide donnait à Geoffroy au moment de partir pour

---

[1]. Il figure avec la qualité de clerc et comme témoin dans un acte passé devant Mᵉ Lacaton, notaire à Angoulême, en 1593. Il devait alors avoir dix-sept ans.

l'exil a été passée dès le 21 juin suivant devant M⁰ Chaigneau, notaire à Angoulême ; Geoffroy y porte déjà le nom Montalque.

A cette époque Geoffroy quitta Angoulême pour aller habiter dans le faubourg de Marthon, petite ville à quelques lieues à l'est d'Angoulême ; là, il continue ses méfaits.

En 1611, il vole, dans ce faubourg, une enclume et de grands soufflets de maréchal ;

Dans la paroisse voisine, de Souffrignac, il courtise Catherine Mandat, femme de Jean Fonteneau, hôte audit lieu ; Fonteneau est assassiné ; Geoffroy de Montalque est accusé de ce crime, de complicité avec la dite Catherine Mandat ; à la fin de l'année 1612, l'instruction de cette affaire était poursuivie à la requête de messire de Jehan, procureur du roi au siège présidial de Périgeux, l'assassinat de Fonteneau ayant eu lieu près de Château-Levêque en Périgord.

Nous ne savons pas si Geoffroy put échapper au juste châtiment de tant de scélératesses ; il est à croire, dans tous les cas, qu'il ne se maria pas et n'a pas laissé de postérité [1].

Le second fils de Françoise Dubreuil n'était autre que François le régicide ;

Les deux chapitres suivants lui seront consacrés tout entiers.

C'est problablement la séparation de sa mère d'avec son père qui rappela François, de Paris à Angoulême ; il prit le parti de sa mère contre son père, mais sans se porter à

---

1. A la dernière heure, nos recherches nous ont amené à des découvertes intéressantes à ce sujet ; nous en rendons compte ci-après sous le chapitre dixième.

aucun excès contre celui-ci ; aussi, lorsque le Président du Parlement lui reprochait d'avoir outragé son père et sa mère, il confondait certainement François avec son frère Geoffroy.

C'est à François que Françoise Dubreuil donnait, par acte du 10 juin 1606, pouvoir de la représenter dans divers procès ; lorsque sa mère se vit obligée de vendre sa maison de la rue Saint-Paul, c'est François qui prend cette maison à bail et retire sa mère près de lui.

Malgré quelques paroles incohérentes prononcées par le régicide lorsqu'il fut rentré dans sa prison à la suite de ses interrogatoires, nous ne pensons pas que sa mère connût son odieux dessein : elle était pieuse, plus pieuse ou, du moins, d'une piété plus douce et plus intelligente que celle de François : si elle eût connu le projet de ce dernier, elle n'aurait certainement pas osé communier, ainsi qu'elle le fit, le jour de Pâques 1610.

Ce jour-là, ainsi que nous allons le raconter, François quittait Angoulême, irrévocablement décidé à commettre son crime ; il sentit qu'animé d'une semblable résolution, il devait craindre de s'approcher des sacrements ; et l'on pourrait admettre que sa mère, sa complice dans le cœur, n'eût pas éprouvé la même hésitation, n'eût pas eu le même respect !

CHAPITRE SIXIÈME

LES OBSESSIONS DE SATAN[1]

François Ravaillac naquit, nous l'avons dit sous le chapitre premier, à Angoulême, paroisse Saint-Paul, dans la maison du canton de la Menuserie (actuellement rue de la Cloche-Verte, n° 4), vers les derniers mois de l'année 1578[1].

Nous n'avons pas son acte de baptême ; sans doute, il fut baptisé en son église paroissiale de Saint-Paul et eut pour parrain son aïeul paternel, le procureur François Ravaillac.

Ce furent ses deux oncles maternels, les chanoines Dubreuil, qui lui apprirent à lire et à écrire, puis le placèrent chez le conseiller Rozier.

Les véritables noms et qualités de celui-ci sont : Jean Duport, écuyer, sieur des Rosiers, conseiller au siège présidial d'Angoumois ; d'abord sénéchal du chapitre de la cathédrale, il avait certainement connu et intimement connu, les deux chanoines Dubreuil. Jean Duport des Rosiers a publié une *Vie de Jean d'Orléans le bon, comte d'An-*

---

1. Instruction du 14 mai :
« A dict estre âgé de trente-deux ans. »
« Dans l'interrogatoire du 17 mai :
« Agé de trente et un à trente-deux ans. »

goulême. Une des lettres d'Étienne Pasquier (la xiv°, page 246 du tome II) est à son adresse : *à M. du Port, Seigneur de Rozières* (sic), *conseiller au présidial d'Angoumois*.

François Ravaillac servait à M. des Rosiers de clerc (ou de secrétaire) et en même temps de valet de chambre[1]; ce qui n'a rien de bien étonnant, à raison de son jeune âge.

Il travailla ensuite chez quelques procureurs (dont le nom n'est point parvenu jusqu'à nous) soit à Angoulême, soit à Paris.

Il dut arriver dans cette dernière ville vers l'âge de dix-huit à vingt ans; il y logeait, à cette époque, rue de la Harpe, chez un savetier, *Aux Rats*, devant le *Pilier-Vert*, et ensuite rue Callandre, près les *Trois-Chapelets*[2].

Ce fut à l'époque de son séjour rue de la Harpe qu'eut

---

1. Interrogatoire du 18 mai :
« Enquis s'il a servy :
« A dict qu'il a servy desffunct Roziers, conseiller à Angoulesme, et demeuré avec des procureurs décédés.
« S'il a esté page ou lasquais ou valet de chambre de quelque grand ou aultre :
« A dict que non, sinon servant de clerc le conseiller Roziers, le servoit aussy de valet de chambre. »
François figure avec la qualité de clerc et comme témoin dans un acte reçu M. Lacaton, notaire à Angoulême, en octobre 1594; il avait alors seize ans.

2. Interrogatoire du 17 mai :
« A quoy il a employé sa jeunesse et s'est adonné :
« A dict qu'il estoit emploïé à solliciter des procès en la Cour.
« S'il a été nourry à la pratique :
« A dict que oui, à Paris et à Angoulesme, et depuis quatorze ans sollicite des procès, logé aux Rats, devant le Pillier-Vert, rue de la Harpe, chez un savetier et près les Trois-Chappelets, rue Callandre. »
La rue de la Harpe, dont toute la partie méridionale a été absorbée par le boulevard Saint-Michel, n'existe plus que dans sa partie nord, près de l'église Saint-Séverin.
La rue Callandre était dans les mêmes parages; à proximité, comme la précédente, du palais de justice.

lieu sa prétendue invocation au démon; copions à ce sujet
le curieux interrogatoire du 18 mai[1] :

« De longtemps il estoit faict enfant du diable, invoquait les
démons qu'il a faict venir devant luy estant logé en ceste ville y
a plus de quatre ans :
« A dict que non.
« Enquis s'il a cogneu un nommé Dubois de Limoges et s'ils
ont logé ensemble en ceste ville, couchés en mesme chambre.
« A dict que oui, devant le Pillier-Vert, rue de la Harpe, au
logis où a esté l'enseigne des Rats.
« S'il vouloit croire ledict Dubois de ce qu'il dira :
« A dict que oui.
« Si, estant couché avec ledict Dubois, il faict une conjuration
invoquant les démons et en quelle forme :
« A dict que tant s'en fault, que ce que luy demandons soit
véritable, qu'au contraire il n'estoit couché en mesme chambre
que ledict Dubois, ains en un grenier au-dessus dans lequel, étant
environ l'heure de minuit, fust prié et requis plusieurs et diverses
fois par iceluy Dubois descendre en sa chambre, criant le dict
Dubois par trois fois : « Credo in Deum, Ravaillac, mon amy,
descends ça bas; » en s'exclamant : « mon Dieu, aïez pitié de
moi. » Alors l'accusé voulut descendre pour voir qui le mouvoit
à implorer son secours de la façon et avec telles exclamations, mais les personnes couchées où estoit l'accusé ne luy
voulurent permettre par la crainte et fraïeur qu'ils eurent, de sorte
qu'il ne descendit point parler audict Dubois, que longtemps après
que ledict Dubois lui dict qu'en la chambre au-dessoubs de l'accusé il avoit veu un chien noir d'excessive grandeur et fort
effroïable, qui s'estoit mis les deux premiers pieds sur le lict, où
seul il estoit couché, dont eust telle peur de ceste vision qu'elle
l'avoit meu à faire telles exclamations, et d'appeler l'accusé pour
luy tenir compagnie en sa peur, ce qu'aïant entendu, l'accusé auroit le lendemain matin donné advis audict Dubois que,
pour renverser ces horribles visions, il debvoit avoir recours à la
célébration du sainct-sacrement de l'autel, faisant dire la saincte
messe, ce qu'il fist, et furent ensemble le lendemain matin au
couvent des Cordeliers faire dire la saincte messe pour attirer la

grâce de Dieu et le préserver des visions de Satan, ennemi commun des hommes.

« Remonstré qu'il n'y a apparence que ledict Dubois l'ait appelé d'en hault et eust ouy sa voix :

« A dict que c'est chose trivialle commune que l'une des propriétés de la voix est de monter en hault et que de peur que n'ajoustions pas de foy à ses responses, ceste vérité seroit attestée par ceulx qui estoient en la chambre où ils étoient couchez, qui l'empeschèrent de descendre parler audict Dubois, qui estoient l'hostesse de la maison, Marie Moisneau, et une sienne cousine le Blond, qui estoit dans la chambre où l'accusé estoit, le priant n'y aller à cause qu'elles avoient entendu un grand bruict et qui s'y estoit faict; occasion pour laquelle il y avoit couché et quitté la chambre dudict Dubois où auparavant couchoit. »

Nicolas Pasquier, sus-nommé, qui avait eu Dubois à son service, fait (à la page 1062, tome II) de ces évocations au Diable le récit suivant :

« Pendant l'instruction du procès, Dubois, né et natif de la ville de Limoges, qui a esté autrefois à mon service, déposa que depuis un an, ou un an et demy[1] Ravaillac estant venu d'Angoulême en ceste ville, descendit à son logis (sciz pour lors en la rue de la Harpe) et que l'hostesse les fit loger en mesme chambre et divers lits et qu'environ la minuict il ouyt Ravaillac qui invoquoit les esprits malins, auquel il dit, qu'il ne craignoit pas les morts, ains les vivants, parce (m'a dit du Bois) qu'il avait cent ou deux cens escus, qu'il pensoit que Ravaillac luy voulust escroquer, et qu'après ceste parole chacun s'endormit, et que le lendemain environ la mesme heure, il ouyt encores Ravaillac, qui faisoit les mesmes invocations, et qu'à l'instant ayant ouvert le rideau de son lict, il apperçeut en la moitié de la chambre une grande obscurité, et en l'autre moitié une lampe allumée, et un gros dogue, qui avait la queüe retroussée jusques sur la teste, qui venoit droit vers son lict; ce qui luy donna une telle frayeur, qu'il fut longtemps

---

1. Il n'y a qu'à confronter ce récit avec l'interrogatoire judiciaire pour constater que Nicolas Pasquier n'est pas, sur ce point et sur bien d'autres, d'une exactitude très grande.

sans pouvoir dire un mot, et après en avoir luy mesmé prié Dieu, et repris la force de parler, il dit à Ravaillac qu'il avoit grand tort. Quoy, dit Ravaillac, avez vous veu quelque chose? pour moy je n'ay rien veu. Si j'ai veu? dit du Bois, ouy, j'ai veu, et vous le sçavez. Dès l'heure, du Bois appelle l'hoste et l'hostesse, et se lève sans vouloir plus demourer ny en ceste maison, ny avec Ravaillac. Et le lendemain, il alla aux Cordeliers, où il fut confessé et communié.

« Du Bois est confronté à Ravaillac, qui le recogneut homme de bien, sans lui donner aucuns reproches, et après avoir ouy sa déposition, il ne la dénia pas pleinement, mais il dit qu'il n'avoit rien veu, et que ce que du Bois estoit allé aux Cordeliers, avoist esté par son advis. Ce qui fut dénié par du Bois, qui persista en ce qu'il avoit déposé. Je vous allègue ceci, pour vous dire que Ravaillac estoit et magicien et sorcier, qui communiquoit avec le diable. »

Ravaillac a parlé une seconde fois de son hôtesse, Marie Moiseau : dans son interrogatoire du 17 mai, à propos du cœur de Cotton, qui avait été trouvé sur lui. Le régicide explique que ce cœur lui avait été donné par M. Guillebaud, chanoine à Angoulême, lequel lui avait dit que ce cœur avait un peu de bois de la Vraie Croix et que lorsque le nom de Jésus qui était gravé sur ce cœur était béni par un père capucin, il avait la vertu de guérir de la fièvre. Il résulte de cette explication que Ravaillac, au moment de ce cadeau, était à Paris malade de la fièvre, puisqu'il ajoute que, pour faire bénir le cœur, il avait envoyé Marie Moiseau, son hôtesse, chez les capucins et que, depuis, il l'avait toujours porté au cou[1].

1. Interrogatoire du 17 mai.
« Luy avons représenté un cœur de Cotton :
« Qu'il a recogneu luy avoir été prins, et a dict luy avoir esté baillé par M. Guillebaud, chanoine d'Angoulesme, l'accusé estant malade, pour le guérir de la fièvre, disant qu'il y avait un peu de bois de la Vraie Croix, lequel avec le nom de Jésus sacré par les pères capuchiens avoit ceste vertu, et

Nous ne devons pas laisser passer sans quelques détails ce nom angoumoisin de Guillebaud, qui les mérite à plus d'un titre : des relations, tout au moins d'amitié, existaient entre la famille Guillebaud et la famille Ravaillac. Maître Jehan Guillebaud, procureur au siège présidial d'Angoumois, avait été, en 1588, l'un des témoins du testament du procureur Michel Ravaillac, puis, en 1595, témoin dans une transaction intervenue entre le frère de celui-ci, Jean, père du régicide, et Nicolas Pelluchon, de Juillac-le-Coq. Il était donc naturel, que le chanoine, dans l'un de ses voyages à Paris, eût été visiter François, surtout s'il avait appris à Angoulême, avant son départ, la maladie de celui-ci. Il est même à croire que François n'eut la velléité d'entrer chez les feuillants, ainsi que nous allons l'expliquer, qu'à cause du neveu du chanoine, Pierre Guillebaud, qui, né à Angoulême le 21 février 1586, entra précisément chez les feuillants de Paris ; il y mourut le 23 mars 1667, sous le nom de Dom Pierre de Saint-Romuald, laissant un ouvrage dont le titre est : *Historiæ Francorum seu Chronici Adhemari Engolismensis*. Paris, L. Chamoudry, 1652, 2 petits in-12.

A propos de la famille Guillebaud, n'oublions pas qu'elle

à ceste fin l'accusé auroit envoié Marie Moiseau son hostesse aux capuchiens ; depuis, l'a toujours porté au col. »

Le Cotton dont il s'agit ici était un célèbre jésuite, né en 1564 à Néronde (Loire), décédé à Paris en 1626 ; il prêcha d'abord en Provence et en Dauphiné et convertit notamment Mme de Créquy, dont le père, le maréchal de Lesdiguières, le recommanda au roi. Henri IV en fit son confesseur et lui offrit, mais en vain, l'archevêché d'Aix et le chapeau de cardinal. Ce fut lui qui obtint du roi le rappel des Jésuites, le rétablissement de leurs maisons et le droit de prédication.

Le cœur de Cotton, dans le genre sans doute du Sacré-Cœur, était un objet de piété consistant en un cœur sur lequel étaient gravés certains signes sacrés, le nom de Jésus par exemple, et dont le père Cotton conseillait l'usage.

a l'honneur de revendiquer comme sienne la sainte fille Hélie Guillebaud, fondatrice et première supérieure de l'Hôtel-Dieu d'Angoulême, où elle décéda le 13 juin 1679. Un de ses grands-oncles, notamment, l'avait précédée dans la céleste patrie : messire Colin Guillebaud, vicaire en 1568 de l'église Saint-Ausone à Angoulême ; pris par les huguenots, il fut enfermé tout nu dans un coffre auquel, avec une tarière, ces brigands firent un grand nombre de trous ; puis, versant sur lui des flots d'huile bouillante, ils le firent mourir dans d'horribles tourments[1].

Sous l'influence sans doute dudit chanoine, François Ravaillac entra donc vers 1604, 1605, peut-être 1606, au couvent des feuillants, rue Saint-Honoré, à Paris.

Dom François Marie-Magdelaine (appelé aussi Père Sainte-Marie-Magdelaine), provincial desdits feuillants, voulut bien l'admettre comme frère convers[2].

Il nous semble utile, à ce moment, de dire quelques mots des feuillants :

Ils formaient une congrégation particulière de l'ordre de Cîteaux, instituée en 1577 par Jean de la Barrière, abbé de l'abbaye de Feuillant en Languedoc, au diocèse de Rieux, duquel ils prirent leur appellation ; leur austérité était extraordinaire : ils faisaient un usage continuel des haires, des cilices, des disciplines ; ils marchaient pieds nus, sans sandales, allaient toujours tête nue, dormaient tout vêtus

---

1. Un siècle auparavant, par contrat du 14 juin 1470, une de leurs parentes, Antoinette Guillebaud, dame et héritière de Sainte-Colombe, près de la Rochefoucauld, épousait Lionnet de Lubersac, damoiseau, seigneur de la Chandellerie.
2. Les convers sont les religieux qui, n'étant point dans les ordres, ne chantent pas au chœur et sont chargés du service domestique de la communauté ; ils sont également tenus par les trois vœux de pauvreté, d'humilité et de chasteté ; leur vie religieuse est une sorte de domesticité.

sur des planches, mangeaient à genoux par terre. Leur nourriture ordinaire se composait de potages d'herbes, cuites seulement à l'eau, et de pain d'orge pétri avec le son. Leur règle avait rétabli le travail manuel, qui, d'abord en usage dans l'ordre de Cîteaux, avait plus tard été abandonné. Leur costume consistait en une robe blanche avec le capuce blanc.

Cette réforme si sévère avait été, après quelques difficultés, approuvée par le pape Sixte-Quint en 1586; peu d'années après, elle fut adoucie par le pape Clément VIII, effrayé par la mort de quatorze de ces religieux arrivée dans l'espace d'une semaine : il leur permit de se couvrir la tête, de porter des sandales de bois, de coucher sur des paillasses, etc.

Le roi Henri III leur avait fait construire, dans la rue Saint-Honoré, à Paris, un couvent magnifique, où ils s'installèrent en septembre 1588; ils avaient, également à Paris, dans la rue d'Enfer, une maison de noviciat.

Le séjour de François Ravaillac chez les feuillants ne fut que de six semaines; de si grandes austérités étaient bien faites pour troubler plus encore un cerveau déjà malade. Quelques écrits qu'il composa sur les jugements du Très-Haut montrèrent bien au prieur du monastère que François était un visionnaire dangereux : il fut chassé.

Ce mot de *jugement* nous indique d'une manière certaine de quel genre était la manie, faisant déjà explosion, de ce malheureux, qui s'imaginait follement participer aux conseils de Dieu et sans doute devoir être son justicier.

L'interrogatoire du 17 mai nous donne à ces divers sujets les détails suivants :

« Enquis combien il a eu l'habit de feuillant et pourquoi il l'a laissé :

« A dict qu'il l'a eu environ six sepmaines et que on le luy a osté pource qu'il avoit eu des méditations et visions.

« Et sur ce enquis :

« Dict qu'il l'avoit depuis redemandé, mais lui avoit esté refusé à raison desdictes méditations. »

Ce refus avait été pour François un grand chagrin; nous le voyons, à ce moment de son interrogatoire, « dire en plorant que Dieu luy avoit donné cest habit, et son regret estoit que l'on ne luy avoit voulu rendre. »

« Enquis s'il cognoist le sous-prieur (des feuillants) et son nom :

« A dict ne le cognoistre pour ne sçavoir son nom et n'avoir pas redemandé son habit (c'est assez incompréhensible et contradictoire avec la déclaration ci-dessus), mais parce que Nostre Seigneur vouloit qu'il demourast au monde, dont désiroit se retirer, il euct voulu servir comme frère lai; » s'exclamant avec pleurs (fait observer le greffier du parlement), « a dict avoir beaucoup de desplaisir de n'estre demeuré avec les feuillans en faveur de Dieu. »

Et plus loin, répondant à la question qui lui était posée : pourquoi il avait préféré le père jésuite d'Aubigny pour confesseur, François Ravaillac répond :

« Que c'estoit parce qu'estant hors des feuillans il avoit eu volonté de se rendre jésuite ou le prier (prier le Père d'Aubigny, qui, à cette époque déjà, était au couvent des jésuites), parler à son provincial, pour le faire remettre aux feuillans, mais ne l'aïant trouvé la première fois, l'un des convers dit à l'accusé que l'on ne recevoit en leur maison ceulx qui avoient esté d'autre religion, etc. »

Cependant Dom Marie-Magdelaine, d'après Ravaillac, lui avait permis de faire des méditations; et, dans l'entretien qu'il eut dans la nuit de son attentat, à la Conciergerie, avec les archevêques d'Aix et d'Embrun et quelques autres prélats, Ravaillac se vante « de s'être attaché, depuis son renvoi de chez les feuillants, à la contemplation des secrets de la Providence éternelle, dont il avait eu de fréquentes révélations tant en veillant qu'en dormant. »

Quoi qu'il en soit, les mauvais traitements que son père faisait souffrir à sa mère après leur séparation, rappelèrent François à Angoulême, probablement au commencement de l'année 1606 : à la date du 10 juin de cette année, nous avons vu que sa mère lui donnait procuration pour la représenter en divers procès.

A la fin de cette même année 1606, François Ravaillac prenait à bail la maison de la rue Saint-Paul que sa mère venait d'être obligée d'aliéner, et ils l'habitaient l'un et l'autre en 1610.

Pendant quelque temps, François Ravaillac continua à être praticien, puis il se fit instructeur de jeunesse; en 1610, il avait « quatre-vingts écoliers dont il gagnait sa vie, aidé de ce que lui donnaient ses amis, c'est-à-dire (reprend-il) les père et mère de ces écoliers, qui lui donnaient l'un du lard, l'autre de la chair, du blé, du vin[1]. »

François Ravaillac avouait qu'à ce moment il avait parfaitement de quoi se suffire; il semble étrange, par conséquent, de l'entendre dire dans son interrogatoire, quelques instants après cette première affirmation, que sa mère, qu'il avait retirée près de lui, vivait le plus souvent d'aumônes.

L'instruction qu'il donnait à ces quatre-vingts écoliers

---

1. Interrogatoire du 17 mai.

Ravaillac Ravesteane (Signature
de Griffon)
Acte du 10 Juin 1606 (Voir Page 61)

Ravaillac
Acte du 29 Juillet 1606

Ravaillac
Acte du 3 Novembre 1606
(Voir Page 46)

Ravaillac (Signature de Griffon)
Acte du 7 décembre 1606
(Voir Page 46)

— Signatures du Régicide

CHAPITRE SIXIÈME

n'était pas bien complète; sans doute un certain nombre de familles de ligueurs lui envoyait leurs enfants à garder et François se contentait de leur montrer, comme il le dit aussitôt après son arrestation, « à prier Dieu en la religion catholique, apostolique et romaine. »

Dans les absences, longues parfois de plusieurs semaines, que nous voyons faire au régicide, c'était sans doute quelque moine de ses amis qui venait le suppléer près des enfants ; car sa mère, comme la plupart des femmes de cette époque, même celles appartenant à des familles aisées, ne savait ni lire ni écrire.

Dans ces quatre années, de 1606 à 1610, de séjour à Angoulême, Ravaillac éprouva deux événements fâcheux, dont il importe de parler.

Pierre Mortier, sergent royal à Angoulême, avait obtenu le 27 juillet 1607 une condamnation contre lui de quarante-neuf livres dix sols trois deniers ; une première fois déjà il allait le faire prendre de corps lorsqu'une transaction intervint entre eux devant M° Chaigneau, notaire à Angoulême, à la date du 23 mai 1608 : François Ravaillac s'engageait à payer la somme sus-énoncée à Noël suivant et sa mère se portait sa caution. François ne paya pas et fut jeté en prison.

Écoutons le récit de la vision que, dans son interrogatoire du 17 mai, il prétend avoir eue à cette époque :

« A dict qu'aïant esté prisonnier à Angoulesme, pendant qu'il y estoit retenu pour debtes, il avoit eu des visions comme des sentiments du feu, de souffre et d'encens, et qu'estant hors de la prison, le samedi d'après Noël, aïant de nuict fait sa méditation accoustumée, les mains jointes et pieds croisés dans son lict, avoit senti sa face couverte et sa bouche d'une chose qu'il ne peust discerner, parceque c'estoit à l'heure de matines, c'est à dire de minuict, et, estant en cest estat, eust la volonté de chanter les cantiques de David commençant : *Dixit Dominus*, jusques à la fin du cantique, avec le *Miserere* et *De Profundis* tout au long ; il luy sembla que les chantant il avoit à la bouche une trompette faisant pareil son qu'une trompette de guerre ; le lendemain matin s'estant levé et faict sa méditation à genoulx, recolligé en Dieu à la masnière accoustumée, se leva, s'assit en une petite chaise devant le foyer, et puis s'estant passé un peigne par la teste, voïant que le jour n'estoit encore venu, aperçeut du feu en un tison, s'acheva d'habiller, print un morceau de sarment de vigne, lequel aïant allié avec le tison où estoit le feu, meist les deux genoulx en terre et se print à souffler, veit incontinent aux deux côtez de sa face à dextre et à senestre, à la lueur du feu qui sortoit par le soufflement, des hosties semblables à celles dont l'on a accoustumé faire la communion aux catholiques en l'Église de Dieu, et au-dessoubz de sa face au droict de sa bouche voïoit par le costé un roulleau de la mesme grandeur que celle que leve le prebstre à la célébration du service divin à la messe, dont il avait faict révélation, etc. »

Dans une autre partie de son interrogatoire, Ravaillac dit que c'est dans la prison même, en faisant ses méditations, par la licence du frère Marie-Magdelaine, qu'il avait eu ces visions, « senty des puanteurs de souffre et feu aux pieds et aux mains, avec des visions des sainctes hosties des deux costés de la face, etc. »

Vers la même époque un nommé Boyron, ayant été blessé pendant un séjour à Angoulême, porta plainte, par devant le lieutenant criminel audit siège, contre les nommés Dufoussé et Dugast, avec lesquels il avait eu déjà affaires, et contre deux ou trois autres : Geoffroy, frère du régicide, était de ceux-là ; François en était aussi très certainement ; ils furent tous emprisonnés et poursuivis devant le siège de Civray ; la sentence fut rendue à Poitiers, les sus-nommés en appelèrent à la cour du parlement de Paris, qui annula la procédure, ordonna qu'il serait fait plus ample preuve et renvoya à Civray ; là, aux dires tant du régicide que de son frère, qui ont toujours protesté l'un et l'autre de leur innocence, Boyron suborna de faux témoins et fit condamner à une amende ses adversaires. Ceux-ci interjetèrent appel ; la sentence fut confirmée.

Il est à croire que cette querelle (nous nous servons de ce mot, car un meurtre n'aurait pas été puni d'une simple amende) avait pour cause l'adjudication prononcée au profit dudit Boyron de certains biens de Geoffroy Ythier, débiteur des chanoines Dubreuil et sur lesquels, par suite, Françoise Dubreuil avait quelques droits (voir à ce sujet le titre XXV de ceux publiés par M. de Fleury) ; cet acte est fort embrouillé et ne nous semble pas assez important pour nous y arrêter davantage.

Au moment de son arrestation, le régicide commença par prétendre qu'il était venu à Paris pour suivre ce procès :

« Enquis pourquoi il estoit venu en cette ville :
« Dict qu'il y est venu poursuivre un procès, qu'il a au Parlement contre les acquéreurs des biens de Geoffroy Phyar (pour Ythier), lequel procès a esté jugé, il y a longtemps, au rapport de M. Sanguin, conseiller au parlement, et estoit à Paris à faire taxer les despens.
« Quelle estoit la nature de ce procès ?
« Dict qu'il avoit esté poursuivi pour une accusation de meurtre, dont il estoit innocent, et que Sanguin, conseiller au parlement, avoit esté rapporteur de son procès. »

Mais peu après il entra dans la voie des aveux : « venant en ceste ville, outre ce que l'occasion de son voïage estoit pour faire faire la taxe de ses despens, c'estoit aussi son intention d'attenter contre Sa Majesté. »

A part cette accusation de meurtre, sur laquelle il n'y a pas lieu d'appuyer plus que de raison, François Ravaillac vivait, à peu près tranquille près de sa mère[1], occupé le jour par les nombreux enfants de son école, et pendant les veilles du soir et les longues heures de la nuit l'esprit perdu au milieu de ses visions.

Le rêve de tuer le roi était-il déjà caressé par lui? et depuis quel temps? Nous ne savons.

« Depuis longtemps » a dit le régicide dans son interrogatoire.

Ce ne devait être là qu'une imagination confuse, née sans doute d'entretiens avec quelques vieux ligueurs, avec quelques moines exaltés, et roulant parfois sur les ouvrages de certains jésuites étrangers de la fin du XVI° siècle.

Dans ces livres nous voyons l'autorité des rois et toute autorité civile subordonnées et soumises à l'autorité religieuse ; les rois qui sont jugés ennemis de la religion et de leurs sujets peuvent être déclarés tyrans, déposés, et même mis à mort.

Marianna, en particulier, prodigue ses éloges à l'assassin du roi Henri III et nomme ce scélérat, Jacques Clément, « l'éternel honneur de la France, » *æternum Galliæ decus*.

Certes, ces maximes abominables soulevaient, en France,

---

1. Nous avons trouvé la signature du régicide (biffée bien entendu mais pourtant reconnaissable) au bas de l'acte de baptême, église Saint-Paul d'Angoulême, en date du 15 mai 1608, de la fille d'Armand Morpain et de Lyzon Courrault. Le parrain était maître Adam Roux, propriétaire de la maison habitée par Ravaillac; cette famille Morpain était probablement voisine de celui-ci et dudit maître Roux.

Ravaillac

Église S.t Martial à Angoulême, Baptême, 15 mai 1608,
de Damoiselle Morpain (Voir page 76)

Église S.t Martial à Ang.m
Baptême, à 28 7.bre 1605
de Jehan Couraud.

Ribrebaud

Ravaillac p.nt

Signatures du Régicide.

l'horreur d'une immense majorité ; quelques esprits, étroits et passionnés, n'en avaient pas moins été séduits par elles.

Si ceux-là n'avaient pas hésité à condamner Henri III, auquel ils ne pouvaient reprocher, assurément, l'abstention des pratiques religieuses, quels sentiments devaient-ils nourrir à l'égard d'un hérétique, comme Henri IV était naguère ?

Aussi voyons-nous chaque année marquée par un nouvel attentat contre celui-ci :

En 1594, c'est Jean Chastel ;
En 1596, Jean Guédon, avocat à Angers ;
En 1598, Pierre Ouin, chartreux du couvent de Nantes ;
En 1599, deux jacobins de Gand et le capucin Langlois ;
En 1600, Nicole Mignon ;
En 1602, Julien Guédon, frère de Jean sus-nommé ;
En 1603, un prêtre et un gentilhomme de Bordeaux, etc.

Ravaillac avait donc eu de nombreux prédécesseurs.

Il est vrai que, depuis quelques années, cette fièvre régicide s'était heureusement calmée ; depuis, surtout, la réconciliation du roi avec les jésuites.

Mais cette fièvre était mal éteinte et se ralluma vers 1609 lorsqu'on vit le roi s'allier avec les puissances calvinistes et faire d'immenses préparatifs pour une guerre, tenue encore soigneusement secrète, mais que l'on devinait devoir être dirigée si ce n'est contre le Pape lui-même, du moins contre une puissance catholique, son amie et son alliée.

D'un autre côté, tous les hauts emplois du royaume n'étaient-ils pas prodigués à ceux de la religion protestante ? Le duc de Sully, le marquis de Rosny son fils, le duc de

Rohan son gendre, Lesdiguières, qui venait d'être fait maréchal de France, Laforce, qui allait recevoir ce titre, voilà quels étaient les vrais amis du roi, voilà les généraux à qui le commandement des armées allait être confié : ils étaient tous protestants!

Connaissant l'indifférence du roi en matière de religion, il n'était pas difficile de faire accroire aux exaltés du parti catholique que le roi n'hésiterait pas à déclarer la guerre au Pape pour peu que sa politique en dût bénéficier.

Aussi les conciliabules de ces exaltés devinrent plus fréquents, plus intimes ; et, de nouveau, ces questions dangereuses de la nécessité de la mort d'un tyran furent soulevées dans ces entretiens, avec une passion plus grande que jamais. Dans ces controverses, François Ravaillac, avec sa vieille haine contre tout huguenot, était parmi les plus ardents : « *en tout poinct de théologie* (lisons-nous dans un compte rendu de son procès), *il estoit ignorant et meschant, tantôt disant une chose et puis la niant ; mais sur la question s'il estoit loisible de tuer un tyran, il en sçavait toutes les deffaictes et distinctions et estoit aysé de recognoistre qu'il avoit esté soigneusement instruit en ceste matière.* »

Cette instruction, François n'attendait pas qu'on vînt la lui porter ; c'était lui-même qui s'élançait au-devant d'elle, s'en pénétrant avec une extrême avidité.

L'image du roi, recevant ses exhortations et devenant enfin, grâce à elles, un vrai catholique, se présentait sans trêve à son esprit ; parfois, sur cette image, lorsque le roi se montrait rebelle à ses sollicitations, François voyait du sang ; mais, le plus souvent, il se berçait de l'espoir d'arriver jusqu'à Henry, de le supplier qu'il voulût bien se servir de sa puissance pour abattre les réformés et les soumettre sous l'étendard de la seule religion vraie, la religion catholique, apostolique et romaine[1] ; et alors François se voyait confessant à son roi, qu'il lui était enfin permis de chérir, la tentation qu'il avait eue depuis si longtemps de punir son hérésie, ou du moins sa faiblesse pour les hérétiques, de la punir avec son poignard; alors il respirait, enfin délivré de son obsession sanglante.

Tout porte à croire en effet que si le malheureux eût pu arriver jusqu'au roi, sa fureur se serait évanouie devant les explications de celui-ci. Le sort de la France et sa destinée, à lui, eussent été bien différents!

Dans ces conditions François Ravaillac se rendit à Paris pour la Pentecôte de l'année 1609.

Et, à propos de cette fête, que l'on nous permette dès maintenant une remarque : c'est aux approches de chaque grande fête que les obsessions diaboliques vont désormais torturer plus violemment l'infortuné : pour la première fois, à la Pentecôte; pour la deuxième fois, à Noël; ces deux premières fois, sa folie ne l'a pas terrassé; mais Satan veille, il attend le malheureux à la troisième et plus dangereuse épreuve : le Carême et Pâques.

Ce voyage pendant les fêtes de la Pentecôte n'offre, ce me semble, aucune particularité; Ravaillac prétendit plus tard s'être dès cette époque présenté au Louvre; il est à croire qu'il tenta assez mollement d'arriver jusqu'au roi; il quitta Paris sans y avoir réussi.

1. Le rêve de Ravaillac n'était pas une imagination vaine; il devait être réalisé, avant la fin de ce même siècle, par le petit-fils d'Henri IV, au moyen de la révocation de l'Édit de Nantes.

Déjà, nous ne savons quel pressentiment funèbre pesait sur son âme ; en voici la preuve :

François Ravaillac se piquait de connaissance en poésie ; vers le mois de novembre 1609 (a-t-il raconté dans son interrogatoire), un de ses voisins, nommé Pierre Bertheau [1], lui communiqua une pièce de vers, son ouvrage, en lui demandant de lui faire connaître son appréciation sur celle-ci. Cette pièce était *composée de stances en rithmes francaises* mises par le poète dans la bouche d'un criminel qui était censé conduit au supplice, à la mort.

Lorsqu'après l'attentat on fouilla le régicide [2], cette pièce de vers fut trouvée sur lui. Son esprit en avait donc été bien vivement frappé !

Il est à croire que dès lors le malheureux avait fait le sacrifice de sa vie, si ce sacrifice devenait nécessaire pour arriver à la suppression violente du roi.

Noël était arrivé : l'obsession revint plus forte ; très ému du bruit qui courut alors dans la France entière que les réformés avaient comploté de tuer les catholiques pendant les fêtes de Noël, Ravaillac part d'Angoulême pour Paris,

---

1. Celui-ci, en 1606, assistait comme témoin au bail consenti au régicide de la maison de la rue Saint-Paul. François Berthaud, de cette famille, était marié à Guillemine Roux, de la famille sans doute de l'acquéreur de ladite maison ; deux filles jumelles, issues de leur union, furent baptisées le 16 janvier 1604 à Saint-Martial.

2. Instruction du 14 mai :

« Sur ce que l'on a trouvé entre ses hardes quelques papiers, mesme un contenant des stances en rithmes françoises pour dire par un criminel que l'on mène au supplice, à la mort ; a été requis si c'est luy qui a faict lesdictes stances et si c'estoit pour luy-mesme qu'il les faisoit :

« A dict qu'il ne les avoit pas faictes, mais qu'elles luy furent données, il y a environ six mois, en la ville d'Angoulesme, par un nommé Pierre Bertheau, habitant de ladicte ville, pour veoir sy elles estoient bien faictes, d'aultant que ledict déposant se mesle de poësie, ledict Bertheau luy aïant dict qu'il les avoit faictes sur le subject d'un homme que l'on menoit au supplice, que ledict déposant avoit prins et mis en poche. »

treize jours après Noël, c'est-à-dire le 6 ou le 7 janvier ; à pied, comme à l'ordinaire ; il reste quatorze jours pour faire son voyage[1] et arrive par conséquent à Paris vers le 21 janvier.

Il se présente au Louvre ; les archers ne le laissent point pénétrer et le mènent à Joachim de Bellengreville, chevalier, seigneur de Neufvy, prévôt de l'hôtel du roi et grand prévôt de France, lequel lui dit qu'il ne peut être introduit près du Roi parce que celui-ci est malade.

De là, Ravaillac s'en va visiter le Père Marie-Magdelaine, son ancien provincial du couvent des feuillants ; puis le curé de Saint-Séverin, qu'il avait sans doute connu lors de son séjour dans la rue de la Harpe ;

Visites peu importantes probablement.

Il tient également à parler, mais d'une manière plus intime, à ce Père jésuite d'Aubigny qu'il avait déjà cherché à voir après son départ de chez les feuillants ; ce Père avait la réputation d'être très expert dans la résolution des cas de conscience ; comme autrefois, il demeurait dans la maison conventuelle de son ordre, près de la porte Saint-Antoine. Trois ou quatre jours après son arrivée à Paris, c'est-à-dire vers le 25 janvier, Ravaillac alla donc parler à ce Père jésuite à l'église de la rue Saint-Antoine (actuellement église Saint-Louis-Saint-Paul), à l'issue de sa messe[2].

---

1. A cette époque, la route de Paris à Bordeaux ne passait point par Angoulême, mais par Ruffec, Aigre, Nonaville et Barbezieux.

2. Instruction du 14 mai.
« S'il estoit venu d'aultres fois au Louvre ou en aultre lieu pour y trouver le roy et commettre ledict acte :
« A dict qu'il y estoit venu deux aultres fois, sçavoir à la Pentecoste dernière et depuis à Noël dernier, mais que ce n'estoit pas en intention de

Cette préférence de Ravaillac pour le Père d'Aubigny venait, nous le répétons, de ce qu'après sa sortie de chez les feuillants, il avait désiré entrer dans l'ordre des jésuites, ou du moins causer avec ce Père, dont il avait entendu parler comme étant un ami du provincial des feuillants ; il aurait voulu lui demander d'intercéder près de celui-ci pour le faire rentrer dans son couvent.

Ravaillac raconta au Père d'Aubigny la vision qu'il avait eue à Angoulême et dont nous avons plus haut donné le détail. Le Père lui répondit qu'il ne devait pas s'arrêter à toutes ces imaginations et lui conseilla de dire son chapelet et de prier Dieu.

Dans une autre partie de son interrogatoire, Ravaillac fait le même récit, dans des termes un peu différents :

« Sortant du Louvre fut trouver le Père d'Aubigny ; en response à ce que Ravaillac lui conta de ses visions, celui-ci fit response que luy Ravaillac se debvoit adresser à quelque grand pour advertir Sa Majesté ; toutefois, puisqu'il ne l'avoit pas faict, qu'il estoit à propos à luy Ravaillac s'arrester à prier Dieu, croïant que c'estoit plus imaginations que visions, qui procédait d'avoir le cerveau troublé, comme sa face démontroit, debvoit manger faire ce mauvais acte, mais que c'estoit pour parler au roy, et l'induire à faire la guerre à ceulx de la religion prétendue réformée. »

Interrogatoire du 17 mai.

« Où il a parlé au père d'Aubigny :

« A dict qu'il luy en parla à l'église, rue Sainct-Anthoine, à l'issue de sa messe.

« En quel temps luy en parla :

« A dict qu'estant parti du païs treize jours après Noël, avoit esté quatorze jours à venir en ceste ville, puis trois ou quatre jours après qu'il fust arrivé, alla à la maison des jésuites, près la porte Saint-Anthoine, où ledict d'Aubigny disoit la messe, après laquelle pria l'un des frères convers le faire parler à iceluy d'Aubigny, ce qu'il fist, et luy donna à entendre plusieurs visions procédantes de ses méditations qu'il avoit faictes par la permission de son père dom François-Marie-Madelaine, son provincial des feuillants. »

bons potages, retourner en son païs dire son chapelet et prier Dieu. »

Nous verrons, dans l'analyse que nous ferons du procès du régicide, que les juges insistèrent sur son entrevue avec le Père jésuite ; c'est que l'ordre des jésuites fut alors ardemment soupçonné de complicité dans l'attentat ; et cependant aucun ordre religieux, en France, n'aurait dû être, plus que les jésuites, à l'abri de tous reproches à l'occasion de ce forfait.

Le président du Parlement interrogea donc Ravaillac[1] sur la question de savoir :

« S'il demanda audict d'Aubigny qu'aïant eu des visions qui passoient sa puissance comme mesme de tuer les roys il s'en falloit confesser :

« A dict que non, et ne luy dict que ce qu'il nous a respondu, sinon qu'il vouloist dire au roy qu'il chassast ceulx de la religion prétendue réformée et les convertist à l'Église catholique, apostolique et romaine.

« Enquis de la response dudict d'Aubigny :

« A dict qu'il luy dict qu'il debvoit oster tout cela de son esprit, prier Dieu et dire son chapelet.

« S'il n'eust aultre propos avec luy et s'il ne l'a veu que ceste fois :

« A dict que non. »

Mais, à la fin de la réponse suivante, et incidemment, Ravaillac donne un détail important sur son entrevue avec le Père jésuite :

« Dict que n'aïant pu parler au roy, retourna aux jésuites pour la seconde fois, qu'il parla à d'Aubigny comme il nous a dict, et lui montra un petit cousteau auquel il y avoit un cœur et une croix,

[1]. Interrogatoire du 17 mai.

luy disant que le cœur du roy debvoit estre porté à faire la guerre aux Huguenots. »

Le Père d'Aubigny, en exhortant Ravaillac à la prière, en lui conseillant de prendre *quelques bouillons pour rétablir son cerveau troublé*, donnait à ce malade un excellent conseil, que celui-ci ne suivit pas ; les rigueurs du carême qui allait commencer devaient lui être bien funestes.

Faisons observer dès maintenant que le Père d'Aubigny, confronté avec le régicide, affirma que les récits de celui-ci étaient *toutes resveries faulses et menteries*. — Plus loin, nous nous occuperons de ces dénégations.

Le Père avait également conseillé à Ravaillac de *s'adresser à quelque grand pour parler au roy*. Ce conseil fut immédiatement suivi par lui :

« A ceste fin a esté au Louvre[1] trois diverses fois, ainsi que le sieur de La Force, capitaine des gardes, a recogneu depuis l'homicide commis par l'accusé, avoir esté dans le Louvre et prié instamment le faire parler au roy; luy fict response qu'il estoit un papault et catholique à gros grain, luy demandant s'il cognosçoit monsieur d'Espernon, et l'accusé respondit que oui et qu'il estoit catholique à gros grain[2], mais que lorsqu'il print l'habit au monastère Sainct-Bernard, l'on luy donna pour Père spirituel frère François de Sainct-Père, et parce qu'il estoit catholique, apostolique et romain, désiroit tel vivre et mourir, suppliant ledict de La Force le faire parler au Roy, d'aultant qu'il ne pouvoit et n'osait déclarer sa tentation[3]. »

Ravaillac ne se présenta pas seulement au Louvre : il s'adressa :

1. Interrogatoire du 19 mai.

2. Puisque Ravaillac connaissait le duc d'Épernon, comme il était facile de le supposer, pourquoi ne s'adressait-il pas à lui?

3. La Force, dans ses *Mémoires*, confirme ce récit ; il avait songé, dit-il, à s'assurer de la personne de Ravaillac, mais le Roi le lui défendit de la manière la plus formelle.

« Tant à séculiers que aultres, mesme à un escuyer de la royne Margueritte[1], nommé de Ferrail (ou de Ferrare), luy aïant desclaré ses visions, le priant le faire parler au roy; luy avoit respondu qu'il falloit voir, mais qu'il n'y avoit pas grande apparence qu'il fust un sainct personnage et homme de bien. — A quoy luy accusé réplicqua qu'il pensoit estre assez homme de bien pour parler au roy, et peut estre s'il eust parlé à Sa Majesté, auroit perdu sa tentation peu après. »

Ravaillac alla aussi chez Mme d'Angoulême[2], *chercher quelqu'un qui le peust introduire;* il s'adressa à son secrétaire[3], qui lui dit que Mme d'Angoulême était malade; il alla encore chez le cardinal du Perron[4], auquel il ne put

1. Celle-ci était la célèbre Marguerite de Valois, première femme, alors divorcée, du roi Henri IV.

2. Mme d'Angoulême dont il s'agit n'était pas la première femme de Charles de Valois, alors simplement comte d'Auvergne, depuis duc d'Angoulême, fils naturel du roi Charles IX; laquelle était Charlotte de Montmorency, fille d'Henri Ier, duc de Montmorency, connétable de France; celle-ci ne mourut, il est vrai, que le 12 août 1636; mais, à cette époque de 1610, son mari était emprisonné à la Bastille, sa condamnation à mort, à raison de ses conspirations, ayant été commuée par Henri IV en une prison perpétuelle; Charlotte vivait alors avec sa tante dans son hôtel, rue Pavée, quartier de la place Royale, à Paris; cette tante est précisément celle dont parle Ravaillac. C'était cette Diane de France dont il a été question plus haut, fille naturelle du roi Henri II, laquelle, veuve en premières noces d'Horace Farnèze, duc de Castro, avait épousé en secondes noces, le 3 mai 1557, François de Montmorency, maréchal de France, frère aîné du connétable susnommé. Diane de France se trouvait donc doublement la tante de ladite Charlotte: et par son second mari, le maréchal duc de Montmorency, frère aîné du père de celle-ci; et par le mari de Charlotte, Charles de Valois susnommé, dont le père naturel, le roi Charles IX, avait pour sœur naturelle ladite Diane de France.

3. Ce secrétaire, qui est notre huitième aïeul, s'appelait Philippe Girard et avait été d'abord procureur du roi à Angoulême; il avait pour neveu ce Guillaume Girard, secretaire et historiographe du duc d'Épernon, duquel il a été question plusieurs fois dans le cours du présent travail; Ravaillac connaissait certainement la famille Girard, qui, de même que lui, habitait à Angoulême la paroisse Saint-Paul.

Nous donnerons, sous le § 4 des notes, quelques détails sur cette famaille, qui est actuellement représentée par le comte de Girard du Demaine, maire et député de la ville d'Avignon.

4. Jacques Davy du Perron, né à Saint-Lô en 1556, décédé à Paris en 1618, d'abord évêque d'Évreux; promu en 1604 au cardinalat; archevêque

parler, mais seulement à un de ses aumôniers; on lui donna à entendre *qu'il ferait mieux de se retirer en sa maison.*

Au milieu des courses que nécessitaient ces diverses démarches, toujours infructueuses puisque partout il était repoussé comme un visionnaire ou comme un mendiant, Ravaillac trouve enfin ce qu'il cherche avec une si grande ardeur :

« Il rencontra Sa Majesté près Sainct-Innocent, en son carrosse, luy voulut parler, s'escria en ces mots : Sire, au nom de Nostre Seigneur Jésus-Christ et de la sacrée Vierge Marie, que je parle à vous! Mais le roy le repoussa avec une baguette, ne le voulust ouyr parler[1]. »

Coïncidence étrange : à quelques semaines de cette entrevue, en ce même endroit, ces deux hommes se rencontreront de nouveau; au coup de baguette de l'un l'autre répondra par deux coups de son coutelas; le suppliant aura fait place au justicier.

« Lors l'accusé délibéra se retirer en son païs, où s'en alla, et estant à Angoulesme, fust trouver frère Gilles, peu auparavant gardien des cordelliers de Paris, luy confessa de ses visions et méditations, luy dict qu'il voïoit que Nostre Seigneur vouloit réduire à la religion catholique, apostolique et romaine ceulx de la religion prétendue réformée; à quoy ledict gardien luy fist response qu'il n'en falloit point doubter.

« Peu de jours après, le premier dimanche de caresme, ledict accusé s'en alla à la messe au mesme monastère des cordelliers d'Angoulesme, se réconcilia avec Dieu, se confessa à un religieux de l'ordre, dont il ne sçait le nom, se confessant de cet homicide volontaire. »

de Sens, grand aumônier, commandeur de l'ordre du Saint-Esprit; c'est lui qui parvint à faire lever par le pape son interdit sur le royaume de France.

1. Interrogatoire du 17 mai.

Le président du Parlement, auquel il répond de la sorte dans son interrogatoire du 17 mai, le requiert d'interpréter ce mot *homicide volontaire :*

« A dict que c'estoit de venir en cette ville en intention de tuer le roy, ce que néanmoins il ne dict pas à son confesseur, lequel aussy ne lui demanda pas l'interprétation de ces mots.
« Sur ce enquis :
« A dict que lors il avoit perdu ceste volonté. »

Cet homicide volontaire (c'est-à-dire la volonté de cet homicide) n'était pas encore bien violent si l'on ajoute foi aux deux réponses suivantes, faites par le régicide dans l'interrogatoire du 19 mai :

« Enquis si dès lors qu'il fist ses voïages pour parler au roy de faire la guerre à ceulx de la religion prétendue réformée il avoit projetté, au cas que Sa Majesté ne voulust accorder ce dont l'accusé le supplioit, de faire le malheureux acte qu'il a commis :
« A dict que non, et s'il l'avoit projetté s'en estoit désisté, et croïoit qu'il estoit expédient luy faire ceste remontrance plutost que de le tuer. »

Ainsi Ravaillac, qui avait sans doute depuis quelques temps suivi les sages conseils, hygiéniques et autres, du Père d'Aubigny, était, au commencement du carême 1610, dans son bon sens; ses obsessions lui laissaient un moment de trêve ; il devait être irrité ne n'avoir pu entretenir le Roi, mais il espérait une meilleure réussite dans une nouvelle tentative.

CHAPITRE SEPTIÈME

RÉSOLUTION PRISE

Les mortifications du carême vinrent nécessairement apporter de nouveau le trouble dans le pauvre esprit de François; mais elles ne pouvaient pas être une cause suffisante pour lui mettre au cœur la volonté irrévocable de commettre son attentat. D'où lui vint donc ce nouvel et plus terrible accès de fureur religieuse? En voici l'explication :

Étant à Angoulême dans la maison du sieur Belliart, son ami, et même probablement son parent[1], on raconta devant lui :

« Que l'ambassadeur du pape avoit de sa part dict au roy que s'il faisoit la guerre il l'excommunieroit, et que Sa Majesté avoit faict response que ses prédécesseurs avoient mis les papes en leur trosne et que s'il l'excommunioit, l'en dépossèderoit. Ce qu'aïant entendu se résolut du tout de le tuer et à ceste fin mist de sa main au-dessus de ces lyons (il sera question de ceux-ci un peu plus loin) :

Ne souffre pas qu'on fasse en ta présence
Au nom de Dieu auculne irrévérence [2].

Cette fois la mesure était comble : dans ce cerveau

---

1. Au § 5 des notes nous donnerons quelques détails sur cette famille Belliart.
2. Interrogatoire du 17 mai.

troublé, toutes notions se faisaient confuses; pour lui, *faisant la guerre contre le Pape c'estoit la faire contre Dieu d'aultant que le Pape est Dieu et Dieu est le Pape* (sic)[1].

Le châtiment du roi coupable ne devait plus être différé; François choisit le jour de Pâques pour effectuer son départ.

« Enquis[2] si le jour de Pasques et jour de son partement il fist la saincte communion :

« A dict que non, et qu'il l'avoit faicte le premier dimanche de caresme, mais néantmoins qu'il feist célébrer le sainct sacrifice de la saincte messe en l'église Sainct-Paul d'Angoulesme, sa paroisse, comme se recognoissant indigne d'approcher du très sainct et très auguste sacrement plain de mystères des incompréhensibles vertus, parce qu'il se sentoit encore vexé de ceste tentation de tuer le roy, en tel estat ne vouloit s'approcher du précieux corps de son Dieu.

« Remonstré, puisqu'il se sentoit indigne de ce mystère qu'il a dict incompréhensible, quelle dévotion il pouvoit avoir au sainct sacrifice célébré par le prestre, auquel tous les chrétiens participent et reçoivent spirituellement ce que celuy qui consacre reçoit réellement.

« Sur ce (fait observer le greffier du Parlement) est demeuré pensif, et aïant un peu pensé :

« A dict estre bien empêché à respondre à ceste remonstrance; puis après a dict se ressouvenir que l'affection qu'il avoit au sainct sacrement de l'autel luy avoit faict faire, pour ce qu'il espéroit que sa mère qui alla recevoir son Dieu en ce sacrifice qu'il faisoit faire, il seroit participant de sa communion, la croïant depuis qu'il est au monde estre portée d'une plus religieuse affection envers son Dieu, que luy l'accusé; c'est pourquoi il pria lors Dieu (et, en disant ces dernières paroles, ajoute le greffier, Ravaillac a jeté plusieurs pleurs et larmes).

« Remonstré qu'il n'a point eu de voulonté de changer son

---

1. Interrogatoire du 17 mai.
2. Interrogatoire du 19 mai.

malheureux dessein, ne voulant recevoir la communion le jour de Pasques, parce que ce eust été le vrai moïen de la divertir, duquel moïen n'aïant usé ains éloigné de la saincte communion il a continué en sa maulvaise intention :

« A dict que ce qui l'empescha de communier fust qu'il avoit prins cette résolution le jour de Pasques venir tuer le roy, ne voulant pour ceste raison communier réellement et de faict au précieux corps de Nostre Seigneur, mais auroit ouï la saincte messe avant que partir, croïant que la communion réelle que sa mère faisoit ledict jour estoit suffisante pour elle et pour luy. »

. . . .
. . . .

Il est parti !

L'ange du crime le pousse à grands pas devant lui : Ravaillac, qui a mis quatorze jours à Noël pour faire son voyage, n'en met plus que huit.

Il trouve Paris plein de soldats, plein de rumeurs guerrières : c'est que le Roi est à la veille de mettre à exécution ses grands desseins ; le jour de son entrée en campagne est déjà fixé : il doit quitter Paris le lundi 17 mai.

Avant que ce départ s'effectue, Marie de Médicis a exigé d'être sacrée ; le Roi la laissera régente du royaume, avec le duc d'Épernon (tenu jusqu'alors à l'écart) pour premier ministre.

Le Roi a résisté d'abord, puis, comme d'ordinaire, a fini par céder, et le sacre de Marie de Médicis va avoir lieu à Saint-Denis le jeudi 13 mai.

Au moment de toucher ainsi au but de ses entreprises, Henri a conscience, on ne sait par quel pressentiment, que l'ombre de la mort est déjà étendue sur lui : *Je ne sais ce que c'est*, disait-il à Bassompierre, *mais je ne puis me persuader que j'aille en Allemagne*.

Je suis dans la main de Dieu, écrivait-il, encore, à la reine, à la date du 12 mars 1610, *qui fera de moy ce qu'il lui plaira*.

Et le matin même de ce vendredi 14 mai auquel sera consacré le chapitre suivant, Henri, revenant de la messe qu'il avait entendue en l'église des feuillants, disait au même Bassompierre et au duc de Guise, en se promenant avec eux dans le jardin des Tuileries : *Vous ne me connaissez pas maintenant, vous autres, mais je mourrai un de ces jours et quand vous m'aurez perdu, vous connaîtrez lors ce que je valais*.

Cependant Ravaillac était descendu à l'auberge des Trois-Croissants, au faubourg Saint-Jacques ; il n'y reste que deux ou trois jours et va se présenter dans une autre hôtellerie proche des Quinze-Vingts ; l'hôte prétend avoir déjà trop de monde et le refuse.

Mais, sur la table, ce couteau, dont la lame étincelle, fascinant les yeux, ce couteau, si bien fait non pas seulement pour frapper, mais pour égorger, il est prestement dérobé par lui ; pendant plusieurs semaines, Ravaillac le gardera sur son cœur, soigneusement caché.

Son manche, en baleine, se rompt ; Ravaillac se rend chez un tourneur, frère de son hôte, nommé Jean Barbier, demeurant dans le faubourg Saint-Jacques, et fait mettre un nouveau manche, en corne de cerf.

Le voilà maintenant admirablement préparé pour le grand rôle qu'il va jouer !

Refusé à l'hôtellerie des Quinze-Vingts au faubourg Saint-Antoine, Ravaillac va loger dans le faubourg Saint-Honoré, à l'enseigne des Trois-Pigeons, devant l'église Saint-Roch, à portée du Louvre par conséquent. Il n'y reste que deux ou trois jours et retourne à sa première auberge faubourg Saint-Jacques.

En vérité, il est comme une bête fauve, qui, inquiète, dans l'attente de sa proie, ne peut demeurer en place.

Tout en guettant l'heure propice pour le crime, Ravaillac fréquente quelques religieux de son pays d'Angoumois, qui sont aux jacobins [1]; c'était à eux, a-t-il prétendu, qu'il racontait ses visions ; c'était à leur couvent qu'il allait entendre la messe et les vêpres ; il visite également un autre religieux de son pays, qui se trouve au couvent des cordeliers [2], mais ne lui parle ni de son entreprise ni de ses imaginations.

Presque tout son temps se passe à errer, soit au milieu de la ville, soit dans les environs de Paris : à Bourg-la-Reine, il fait un jour rencontre d'un cordelier nommé Le Febvre, tout jeune homme qui arrivait du fond de sa province et n'avait aucune connaissance dans la grande ville : Ravaillac le mène à son hôtellerie de la rue du Faubourg-Saint-Jacques, où il a déjà pour compagnon un jeune marchand, nommé Colletet.

Bien entendu, il entame avec le jeune cordelier de grandes dissertations religieuses et s'avance une fois jusqu'à lui demander, d'une manière générale, il est vrai, si un confesseur était tenu de révéler l'aveu qui lui serait fait de vouloir tuer le roi. — Le cordelier n'eut pas le temps, paraît-il, de faire connaître sa réponse parce qu'il fut interrompu par d'autres religieux.

1. Les jacobins, qui avaient donné leur nom à la rue Saint-Jacques, occupaient l'immense espace compris entre cette dernière rue, le boulevard Saint-Michel, les rues Cujas et Soufflot.
2. Le couvent des cordeliers occupait à peu près l'emplacement de l'École de médecine actuelle.

A ce sujet, nous devons faire remarquer que jamais Ravaillac n'avoua à ses confesseurs sa tentation de tuer le Roi : il s'imaginait, bien à tort, que son confesseur était tenu de divulguer cet aveu et que lui, alors, recevrait, pour avoir eu cette tentation, le même châtiment que s'il l'eût mise à exécution. Le régicide a fait plusieurs fois cette déposition pendant le cours de son procès.

A la veille de son crime, une dernière lueur de raison vint pourtant briller dans l'esprit de ce misérable. Voici ce qu'il raconte à ce sujet dans son interrogatoire du 17 mai :

« Il prist le chemin pour s'en retourner, fust jusques à Estampes, où y allant rompit la poincte de son cousteau de la longueur d'environ un poulce à une charrette devant le jardin de Chanteloup, mais estant devant l'Ecce Homo du faulbourg d'Estampes, luy revint la volonté d'exécuter son dessein de tuer le roy et ne résista pas à la tentation comme il avoit faict auparavant; et sur ce revinst en ceste ville avec cette déliberation parce qu'il ne convertissoit pas ceulx de la religion prétendue réformée, et qu'il avoit entendu qu'il vouloit faire la guerre au Pape et transférer le sainct siège à Paris.

« A dict qu'il chercha l'occasion de tuer le roy, à ceste fin refist la poincte de son cousteau avec une pierre et attendit que la reine fust couronnée et retournée en ceste ville, estimant qu'il n'y auroit pas tant de confusion en la France de le tuer après le couronnement que si elle n'eust pas été couronnée.

« A dict qu'il a cherché le roy au Louvre où a esté plusieurs fois depuis son dessein, faisant estat de le tuer dans le Louvre. »

CHAPITRE HUITIÈME

L'ATTENTAT — LE SUPPLICE

Le funeste jour, le vendredi 14 mai, s'est levé; le meurtrier sort de son logis, entre six et sept heures du matin, seul, et va entendre la messe à l'église Saint-Benoît; puis il retourne à son auberge dîner avec l'hôte et Colletet.

Le meurtrier n'a plus à accorder un seul jour à la victime : puisque la Reine a été couronnée le jour précédent, le Roi doit être frappé sans plus long délai.

C'est au Louvre même que Ravaillac a le dessein de le tuer; aussi va-t-il rôder aux alentours; un grand (a-t-il prétendu le 21 mai, son interrogatoire étant terminé), un grand seigneur, resté inconnu, le fait entrer dans la salle où se mettent les laquais.

Vers les deux ou trois heures de l'après-midi le Roi com-commande son carrosse pour aller à l'Arsenal visiter le duc de Sully; pourtant il hésite à sortir, tant cette journée avait été marquée, en ce qui le concernait, de sinistres présages. Certes, beaucoup de ceux-ci ont été fabriqués après coup; il n'en est pas moins constant, ainsi que nous l'avons déjà dit, que le Roi lui-même avait été effrayé de toutes ces prédictions [1].

« Il délibéra donc longtemps (nous dit Malherbe [2], qui était à

---

1. Voir aux notes la curieuse lettre de Nicolas Pasquier.
2. Le grand poète François de Malherbe, né à Caen en 1555, décédé à Paris en 1628.

cette époque attaché au service et à la personne d'Henri IV), s'il sortirait et plusieurs fois dit à la Reine : « Ma mie, irai-je? N'irai-je pas? » Il sortit même deux ou trois fois, et puis tout d'un coup retourna et disait à la Reine : « Ma mie, irai-je encore? » et faisait de nouveau doute d'aller ou de demeurer. Enfin, il se résolut d'y aller et ayant plusieurs fois baisé la Reine, lui dit : « Adieu, je ne ferai qu'aller et venir et serai ici tout à cette heure même. » Comme il fut au bas de la montée où son carrosse l'attendait, M. de Praslin[1], son capitaine de gardes, le voulut suivre. Il lui dit : « Allez-vous-en, je ne veux personne, allez faire vos affaires. »

Pendant toutes ces hésitations, Ravaillac, assis sur la pierre de la porte du Louvre, attendait.

Il voit venir, avec un flot de courtisans, le Roi, qui, à l'entrée du Louvre, monte dans son carrosse; carrosse, malheureusement, découvert et dégarni de mantelets.

Le Roi se met au fond, à gauche, et fait mettre le duc d'Épernon à sa droite; à la portière du côté du Roi se placent MM. de Montbazon[2] et de la Force[3]; à l'autre portière, M. le Maréchal de Lavardin[4] et M. de Créquy[5]; pardevant, le marquis de Mirebeau[6] et le duc de Liancourt[7],

1. Charles de Choiseul, marquis de Praslin et de Chaource, alors capitaine des gardes du corps du roi et gouverneur de Troyes; chevalier des ordres depuis 1595, il fut fait en 1619 maréchal de France et, en 1622, gouverneur de Saintonge, d'Aunis et d'Angoumois.

2. Hercule de Rohan, duc de Montbazon, grand veneur de France, lieutenant général de la ville de Paris.

3. Nous avons déjà parlé de lui page 84.

4. Jean de Beaumanoir, marquis de Lavardin, maréchal de France, gouverneur du Maine.

5. Charles de Blanchefort, sire de Créquy, prince de Foix, duc de Lesdiguières, pair et maréchal de France, gouverneur du Dauphiné, chevalier des ordres du roi.

6. Jacques Chabot, marquis de Mirebeau, comte de Charny, lieutenant général au gouvernement de Bourgogne.

7. Charles du Plessis de Liancourt, premier écuyer de la petite écurie du roi, et gouverneur de Paris.

premier écuyer ; un certain nombre de valets de pied formaient cortège.

Il est environ quatre heures.

Arrivé à la croix de Trahoir [1], on demande au Roi par où il veut passer ; il commande qu'on aille vers Saint-Innocent ; le carrosse entre donc dans la rue de la Ferronnerie, reliant la rue Saint-Honoré à la rue Saint-Denis, et alors extrêmement étroite ; tous les valets de pied du Roi, à l'exception d'un seul, abandonnent le carrosse pour aller à pied sec, et prennent leur chemin par le cimetière des Innocents.

A dix pas en arrière, Ravaillac est là, ne perdant pas de vue sa proie.

Dans cette rue de la Ferronnerie, le carrosse, rencontrant deux charrettes chargées de foin, est obligé de ralentir encore sa marche et de se rapprocher des boutiques de quincailliers qui se trouvaient au nord de la rue ; il tire à gauche, pendant que les charrettes prennent la droite, et se met à pencher très fort du côté du duc d'Épernon, vers le lit du ruisseau, qui était toujours placé, à cette époque, au milieu même de la voie.

Ravaillac a rattrapé le carrosse ; le voilà tout à côté ; il se range contre la boutique portant pour enseigne : *Au cœur couronné percé d'une flèche ;* son regard plonge dans l'intérieur du carrosse : là, depuis quelques instants, le Roi cause, plein d'animation, avec le duc d'Épernon et le maréchal de Lavardin, de son entrée en campagne ; au moment où Ravaillac le dévore ainsi du regard, le Roi a la main gauche appuyée sur M. de Montbazon, sa main droite sur le duc d'Épernon, vers lequel il se penche et tourne son

---

1. Pasquier prétend qu'à cet endroit de la Croix-du-Trahoir, le roi commanda à Vitry d'aller au palais de justice.

visage ; il est tout entier à son discours et les courtisans n'ont d'yeux que pour lui. Le carrosse s'arrête un instant.

Il est temps! souffle la voix de Satan à l'assassin (qui prétendait le 21 mai avoir même *vu quelque chose* lui donner cet ordre).

Le misérable, à côté du carrosse, n'a qu'à se dresser pour mettre le pied sur l'essieu de la roue ; sa main droite lui sert d'appui ; son bras gauche, armé du coutelas, glisse sous le bras gauche du Roi, qui le tient relevé, d'ailleurs, puisqu'il l'appuie sur M. de Montbazon. Plus prompt que l'éclair, Ravaillac plonge, coup sur coup, ce coutelas dans le côté gauche du Roi. Au troisième coup qu'il veut donner, le duc de Montbazon qui, pas plus que les autres courtisans, n'a encore rien vu, saisit enfin cette main insatiable, crispée au couteau.

L'un des deux coups, le premier sans doute, avait glissé entre la cinquième et la sixième côte et n'avait guère pénétré. L'autre coup... formidable !.. reçu entre l'aisselle et le tétin, et faisant irruption entre la première et la deuxième côte, avait, en descendant, coupé la grosse artère veineuse qui se trouve au-dessus de l'oreille gauche du cœur.

A peine le Roi fit-il quelques mouvements, poussa-t-il quelques légers cris : le sang, se précipitant avec impétuosité, l'avait déjà étouffé [1].

---

[1]. Voici le récit du crime d'après l'assassin lui-même :

« Il a cherché le roy au Louvre... le voïant sortir dans son carrosse, le suivit jusques devant les Innocents, environ le lieu où il l'avoit aultrefois fortuitement rencontré, qu'il ne voulust parler à luy, et voïant son carrosse arresté par des charrettes, Sa Majesté au fond tournant le visage et penché du costé de M. d'Espernon, luy donna dans le costé un coup de son couteau, passant son bras au-dessus de la roue du carrosse... »

D'après Girard, « le duc d'Epernon vit lancer le second coup, avança son bras pour le détourner et en reçut une partie dans la manche de son pourpoint, qui fut percée. Ce malheureux parricide poussa jusqu'au troisième

CHAPITRE HUITIÈME

La suite du Roi est enfin sortie de sa torpeur : Jacques du Pluvier, écuyer, seigneur de Saint-Michel, l'un de ses gentilshommes, tire son épée et va pour tuer le meurtrier ; le duc d'Épernon, qui se souvient de Jacques Clément, massacré sur l'heure de son crime, s'écrie : *Ne le tuez pas! il y va de votre tête!* Saint-Michel, qu'entourent Jérome de la Robie, écuyer du Roi, et Édouard Gamaliel, son valet de pied, remet l'épée dans le fourreau.

Tout est consommé.

Sur la face de ce cadavre, qu'inonde son sang toujours bouillonnant, le duc d'Épernon étend le manteau royal.

Quant à la personne de Ravaillac, Paul Noster, exempt des gardes, s'en est assuré ; on l'entraîne à l'hôtel de Retz, près du Louvre, où sont ramenés, vers la même heure, les restes de celui qui avait été Henri le Grand.

. . . .

Ce même vendredi, dans la soirée, dans cet hôtel de Retz, Jeannin[1], président ; de Loménie[2], secrétaire d'État, et de Bullion[3], conseiller d'État, chargés par la Reine Mère, Marie de Médicis, régente du royaume, de procéder à l'instruction de l'assassinat, firent comparaître devant eux le meurtrier.

Ils lui demandèrent ses noms, son âge, son domicile, sa profession, les maîtres qu'il avait eus dans sa jeunesse,

coup, les deux derniers furent mortels et dès le second le roi fut renversé mort sur le duc, qui le reçut entre ses bras, vomissant le sang à gros bouillons. »

Girard a le soin de ne pas même prononcer le nom de Ravaillac.

1. Pierre Jeannin, intendant des Finances, conseiller d'État, né à Autun en 1540, décédé en 1622.

2. Antoine de Loménie, décédé en 1638 ; il était né en 1560 de Martial de Loménie, seigneur de Versailles.

3. Claude de Bullion, seigneur de Bonnelles, depuis surintendant des Finances.

depuis combien de temps il se trouvait à Paris, quelles personnes il y avait fréquentées, le motif de son voyage, l'emploi de cette journée du crime, et ils le questionnèrent sur la pièce de vers qui venait d'être trouvée sur lui.

Il nous semble inutile de transcrire une seconde fois les réponses du misérable.

M. de Bullion ayant appelé le feu Roi : *Roi très chrétien*, Ravaillac répéta, en ricanant, ce mot : *Très chrétien! La question est de savoir*, fit-il observer, *si le Roi était véritablement roi très chrétien; car, s'il eût été tel, il eût fait la guerre aux sectateurs de la religion prétendue réformée, tandis qu'au contraire il les avait protégés.*

Il s'écria ensuite qu'il n'avait point de regret de mourir puisqu'il était arrivé au bout de son entreprise, qu'il ne voulait pas de pitié et que, si le coup était encore à faire, il le ferait.

Quant aux motifs et aux personnes qui avaient pu le pousser au crime, il affirma :

Qu'il n'avait reçeu ny luy ny les siens aulcun oultrage du feu roy;

Qu'il n'a été meu ny induict par personne, mais par les sermons qu'il a ouys, auxquels il a apprins les causes pour lesquelles il estoit nécessaire de tuer un roi.

Les archevêques d'Aix et d'Embrum et quelques autres prélats furent aussitôt députés à l'hôtel de Retz pour tâcher de tirer du régicide la confession de son crime, ou du moins les noms de ses complices.

Il leur parla seulement de son séjour chez les Feuillants et du motif de son expulsion; néanmoins, ajouta-t-il, il s'était attaché depuis à la contemplation des décrets de la

Providence, dont il avait eu de fréquentes révélations, tant en veillant qu'en dormant.

« On connut bien alors, dit un chroniqueur du temps, que son esprit était complètement troublé et que ses rêveries chimériques et ridicules l'avaient rendu susceptible de toutes les impressions du démon. Plusieurs personnes éclairées qui étaient présentes à cet entretien, réfléchissant sur sa manière de parler et ses différents mouvements, crurent que ces visions qui l'agitaient jour et nuit, l'air impérieux qu'il prenait sur tous les autres, la présomption qu'il avait de participer aux conseils de Dieu, d'entendre ses volontés, enfin, d'être choisi pour les exécuter, devaient être des preuves certaines que son esprit était absolument obsédé du démon. Il s'était fait, dans son imagination, une créance tout opposée à la justice et à la piété du Roi, et sur ce principe il déclama avec brutalité contre sa souveraine puissance, disant qu'il était nécessaire qu'elle fût punie, que l'on pouvait sans scrupule tuer un tyran, et que le roi était réputé être tel puisqu'il n'avait point voulu en aucune manière déclarer la guerre aux Huguenots ni les contraindre, sous peine de mort, de croire aux vérités de la religion catholique. »

M. de Bellengreville, grand prévôt, dont nous avons déjà parlé, lui fit, voulant vaincre son obstination, serrer les pouces au moyen d'un rouet d'arquebuse, ce qui fut fait avec tant de force que les os du pouce du meurtrier se rompirent; celui-ci, en traitant le grand prévôt de huguenot, lui demanda s'il était plus habile que ceux qui l'avaient interrogé avant lui.

On le fouilla et l'on trouva sur lui :

1° Trois quarts d'écus d'argent, avec quatre ou cinq sols de monnaie ;

2° Un papier sur lequel était peint l'écusson de France, en couleur, ayant pour supports deux lions, l'un tenant une clé, l'autre une épée[1] ;

3° Un autre papier sur lequel était écrit le nom de Jésus en trois endroits différents ;

4° Un chapelet (qu'il avait acheté, sept ou huit jours auparavant, dans la rue Saint-Jacques) ;

5° Le cœur de Cotton qui lui avait été donné par le chanoine Guillebaud, ainsi que nous l'avons raconté dans le chapitre VI.

Sans plus tarder, la justice se saisit de ses parents et alliés (ceci est sans doute une simple formule judiciaire, le Régicide n'ayant eu à Paris, à notre connaissance, ni parents ni alliés) et même de tous ceux avec lesquels il avait eu quelques relations ; et le misérable lui-même fut mis entre les mains du Parlement, qui, pendant la nuit de ce vendredi au samedi 15 mai, le fit transférer à la conciergerie du Palais de justice.

Voici, sur les registres de la Conciergerie, le libellé de son écrou :

« Du Sabmedy xvme May VC. dix.

« François Ravaillac, praticien, natif d'Angoulesme amené prisonnier par mar^{re} Joachim de Bellangreville, chevalier, Sr du Neuvy, prévost de l'hostel du Roy et Grand Prévost de France,

---

[1]. Ravaillac avoua avoir apporté ce papier d'Angoulème. Nous avons vu, au chapitre précédent, que c'était sous ces deux lions que, pendant le carême précédent, en sortant de la maison Belliard, et après avoir entendu parler de l'excommunication du roi, Ravaillac avait écrit de sa main ces deux vers :
> Ne souffre pas qu'on fasse en ta présence,
> Au nom de Dieu aucune irrévérence.

par le commandement du Roy, por linhumain paricide par luy commis en la personne du Roy Henry quat*me*. »

Par ordre de Sa Majesté, plusieurs docteurs et religieux allèrent dès le lendemain dans sa prison visiter le criminel *pour tascher à le mettre par leurs sages conseils dans la voye du salut et cognoistre adroitement ceulx qui l'auroient conseillé à commettre son régicide.*

Les docteurs et religieux dont s'agit obtinrent, d'après nous, ce grand résultat : qu'ils dessillèrent les yeux du malheureux et lui firent voir à lui-même toute l'horreur de son forfait ; son arrogance s'évanouit, et nous allons le voir, devant le parlement, demander maintes et maintes fois pardon de son crime à Dieu, au roi, à la reine, à la cour, au peuple, à la France entière.

MM. Servien et Le Bret, avocats du roi, et Duret, premier substitut du procureur général, cherchèrent également, mais en vain, à persuader le criminel. Ils firent ensuite venir ceux auxquels ce dernier avait parlé : entr'autres deux jacobins (sans doute ceux de son pays qu'il avait visités plusieurs fois avant l'attentat) ; leur simplicité et leur ingénuité les firent relaxer.

Le Père d'Aubigny fut aussi mandé et examiné sérieusement sur la question de savoir si un confesseur était obligé de révéler la confession d'un projet d'attentat contre le roi ; le Père répondit que, depuis qu'il avait quitté la prédication pour s'attacher entièrement aux confessions, suivant les ordres de ses supérieurs, Dieu lui faisait la grâce d'oublier dans le même moment ce qu'on lui révélait sous le sceau de la confession.

Le Père d'Aubigny soutint n'avoir jamais vu Ravaillac :

« Aux enseignes, réplique celui-ci, que vous me donnastes un sol, que vous demandastes à un qui estoit là ! — Cela est faux, répond le Père, jamais les jésuites ne donnent d'argent, puisqu'ils n'en portent pas ; l'accusé est fort meschant et après un si meschant acte ne debvroit accuser personne, ains se contenter de ses penchez sans estre cause de cent mil qui arriveront. »

Et l'un et l'autre ne cessent de persister respectivement dans leurs déclarations.

Il est difficile de croire que le récit de Ravaillac n'était qu'une fable ; dans quel but l'aurait-il faite ? D'ailleurs tout dans ce récit est complètement favorable au Père d'Aubigny.

Les dénégations de celui-ci avaient, au contraire, une impérieuse raison d'être : le peuple avait, dès le premier moment, accusé, et bien à tort, les Jésuites de complicité dans le crime ; cette histoire de couteau montré par Ravaillac au jésuite, de cœur et de croix gravés sur ce couteau, aurait pu avoir, pour l'ordre tout entier, les suites les plus funestes. Qu'importait à la justice et à la sentence cette entrevue avec Ravaillac ? C'était d'ailleurs là, pour ainsi dire, chose de confession. Nier était donc d'une importance capitale.

Fut ensuite amené un jeune cordelier (sans doute celui qui se nommait Le Febvre), à qui Ravaillac avait proposé la même question relativement au secret de la confession ; sur son refus de répondre, il fut également relaxé ; mais les avocats du roi mandèrent à ses supérieurs si par une *discipline* régulière on ne pourrait pas tirer du jeune frère plus d'éclaircissements.

A toutes les interrogations, à toutes les instances, Ravaillac protesta constamment que personne ne l'avait poussé à commettre le crime; qu'il n'avait jamais déclaré son dessein à aucun de ses directeurs dans la crainte que cette confession fût révélée, et lui, puni de la même façon pour la volonté que pour le fait; et que sa résolution s'était formée sur les considérations suivantes :

1° Le Roi n'avait pas voulu soumettre par son autorité les hérétiques sous l'étendard de la religion catholique, apostolique et romaine; lui, Ravaillac, avait eu à ce sujet de nombreuses méditations et visions pendant ses veilles;

2° On lui avait fait croire, à lui, Ravaillac, que le Roi voulait prendre les armes contre le pape; or, faire la guerre au pape, c'était la faire à Dieu;

3° Le Roi n'avait pas fait périr, suivant la rigueur des lois, les huguenots, qui avaient entrepris, aux fêtes de Noël précédent, de tuer les catholiques.

Comme chacun désirait passionnément connaître les noms de ceux qui avaient poussé le misérable à commettre son attentat, on imagina plusieurs genres de supplice pour les lui faire déclarer :

La Reine (Marie de Médicis) fit savoir aux commissaires qu'il se présentait un boucher pour écorcher vif le criminel; promettant de le laisser vivre encore longtemps après qu'il aurait été ainsi dépouillé de sa peau; de manière à ce que cet effroyable tourment lui fît avouer les noms de ses complices.

Balbany, inventeur des nouvelles citernes, fit faire un artifice en forme d'obélisque renversé, qui aurait pressé le misérable avec de vives douleurs, sans lui rien diminuer de ses forces.

Mais la Cour ne jugea pas à propos d'user d'autres tourments que des tourments usités en pareil cas.

M. de la Guesle [1], procureur général, bien qu'indisposé, se fit alors porter au parquet pour ses conclusions avec les avocats du roi.

Puis, le premier président supplia la Reine d'avoir pour agréable qu'on expédiât l'affaire promptement; et Sa Majesté s'en étant remise à la prudence du Parlement, la Grande Chambre, la Tournelle et celle de l'Édit assemblées, il fut procédé au jugement définitif du procès.

Les débats s'ouvrirent au Palais de justice, le lundi 17 mai 1610, dans l'après-midi, sous la présidence d'Achilles de Harlay [2], premier président, assisté de :

Nicolas Potier, président;

Jehan Courtin et Prosper Bauix, conseillers du roi en sa cour du Parlement.

C'est le moment de dire quelques mots de l'extérieur du Régicide :

Il était, paraît-il, de taille assez haute, puissant et gros de membres, les cheveux et la barbe d'un roux noir, tel qu'on nous représente Judas, le déicide.

On demanda à Ravaillac : ses noms, âge, qualités et demeure; à quoi il avait employé sa jeunesse; depuis combien de temps il se trouvait à Paris; s'il n'avait pas eu l'intention de s'en retourner dans son pays; les motifs qui l'avaient fait revenir; quels entretiens il avait eus avec le Père d'Aubigny; la durée de son séjour chez les Feuillants;

---

1. Jacques de la Guesle, né à Paris en 1557, y décédé en 1612; il avait succédé à son père comme procureur général; ce fut lui qui avait introduit près de Henri III Jacques Clément; il fut témoin de l'assassinat et, le premier de tous, frappa de son épée le meurtrier.

2. Né à Paris en 1536, y décédé en 1616; il avait succédé à M. de Thou son beau-père, comme premier président du Parlement de Paris, dont il fut un des plus illustres magistrats.

quelles tentatives il avait faites pour parler au Roi ; les détails de son dernier séjour à Paris et ceux de l'attentat.

Les diverses réponses de Ravaillac ont été par nous consignées plus haut ; nous ne les répéterons pas.

« Enquis ce qu'il pense avoir faict par cet acte :
« A dict qu'il pense avoir faict une grande faulte et dont il demeure pardon à Dieu, à la Reine, à Monsieur le Daulphin, à la Cour et à tout le monde qui en peut recevoir préjudice.
« Luy avons représenté le cousteau, mis pardevers nous, tranchant des deux costez par la pointe, aïant le manche de corne de cerf :
« L'a recogneu estre celuy dont il nous a parlé, duquel a frappé le Roy, qui luy fust à l'instant osté par un gentilhomme qui estoit à cheval. »

Ensuite, Ravaillac affirme qu'il a été déterminé à commettre le crime par le bruit que le Roi allait faire la guerre au pape ; *or faisant la guerre contre le pape, c'est la faire contre Dieu, d'aultant que le pape est Dieu et Dieu est le pape;* puis il parle de Belliard, des propos qu'il a entendus dans la maison de celui-ci, du cœur de Cotton qui lui avait été donné par le chanoine Guillebaud, de sa rencontre avec le jeune cordelier Le Febvre.

« Enquis en quel temps il a esté à Bruxelles (appartenant alors à l'Espagne, qui, bénéficiant de l'assassinat, était naturellement soupçonnée de complicité dans le crime) :
« A dict qu'il ne sortit jamais du Roïaume et ne sçait où est Bruxelles. »

Le lendemain matin, mardi 18 mai, l'interrogatoire continue, en l'absence du premier président, indisposé :

Ravaillac persiste dans ses réponses de la veille, « sans vouloir adjouster ni diminuer, sinon qu'il a obmis que ce qui l'a induict à son entreprise, a esté d'aultant que le Roy n'avoit voulu que la justice fust faicte de l'entreprise faicte par les Huguenots de tuer tous les catholiques le jour de Noël dernier, dont aulcuns ont esté prisonniers, amenez en ceste ville, sans qu'il en ait esté faict justice comme il a ouy dire à plusieurs personnes. »

Les demandes du président portent sur le père et la mère de Ravaillac, sur sa manière de se comporter avec eux, sur ses moyens de subsistance [1], sur ses amis.

Nous ne transcrirons pas de nouveau les réponses du meurtrier.

« S'il n'a pas horreur d'un coup si abominable et préjudiciable à toute la France :

« A dict qu'il a desplaisir de l'avoir commis, mais puisqu'il est faict pour Dieu, il luy fera la grace pouvoir demeurer jusques à la mort d'une bonne foy, espérance et parfaicte charité, et qu'il espère que Dieu est plus miséricordieux et sa passion plus grande pour le sauver que l'acte qu'il a commis pour le damner.

« Remonstré qu'il ne peust estre en la grace de Dieu après un acte si misérable :

« A dict qu'il espère que nostre Seigneur tout puissant fera qu'il n'en arrivera aultre inconvénient.

« ... Que la cause pourquoi, il n'a desclaré ceste pernicieuse intention aux prebstres et aux hommes aïant charge d'ames a esté pour estre du tout certain que s'il leur eust desclaré l'attentat qu'il vouloit commettre contre le Roy, c'estoit leur debvoir se saisir de sa personne et le rendre entre les mains de la justice, d'aultant qu'en ce qui concerne le public, les prebstres sont obligés de révéler le secret, occasion qu'il ne la oncque voulu desclarer à personne, craignant que on le feist aussitost mourir de la volonté que de l'effet, qu'il a commis, dont il requiert à Dieu pardon.

« Remonstré que l'Église commande desclarer les mauvaises pensées à son confesseur, aultrement on est en péché mortel :

« A dict qu'il recognoist cela.

---

1. « De ce qu'il recebvoit de ses élèves, faisoit les voïages en ceste ville, » dit Ravaillac.

« Remonstré qu'il en a donc parlé :
« A dict que non. »

Puis l'interrogatoire porte sur le jeune cordelier Le Febvre et sur la consultation qu'il avait demandée à celui-ci [1].

Relativement au conseil donné chez le cardinal du Perron de retourner en son pays :

« Remonstré que c'estoit bon conseil, qu'il le debvoit suivre :
« A dict qu'il est vray, mais qu'il a esté tellement aveuglé de péché que le Diable l'a faict tomber en la tentation.
« ... Que s'il avoit esté induict par quelqu'un de la France ou par estranger, et qu'il fust tant abandonné de Dieu que de vouloir mourir sans le desclarer, il ne croirait pas estre sauvé ni qu'il y eust Paradis pour luy parce que *abyssus abyssum*, comme il a apprins des prédicateurs de nostre Seigneur qu'un abisme de pesché en attire un aultre, partant que ce seroit redoubler son offense, que le Roy, spécialement, la Royne et toute la maison de France, les Princes, la Cour, la Noblesse et tout le peuple seroit porté à son occasion offencer Dieu, leur esprit demourant en inquiétude perpétuelle, soupsonnant injustement tantost l'un tantost l'aultre de leurs subjects, lesquels il ne croit pas avoir esté si mal advisez d'avoir jamais pensé d'estre aultres que fidèles à leur Prince.
« ... Que jamais estranger, françois ni aultre ne l'a conseillé, persuadé ni parlé, comme l'accusé de sa part n'en a parlé à personne, ne voudroit estre si misérable que de l'avoir faict pour aultre que le subject qu'il nous a desclaré qu'il a cru que le Roy vouloit faire la guerre au Pape. »

L'interrogatoire de cette journée se termine par des questions relatives au service de Ravaillac chez le conseiller Rozier, sur l'emploi de son temps la veille du crime, et

---

1. « A dict que la vérité est qu'il a faict ceste consultation, mais n'a dict qu'il le vouloit faire » (qu'il voulut commettre le crime).
« Ne luy proposa cela, comme l'aïant l'accusé en l'intention, ains luy fict une proposition générale : Si un homme l'avoit. ».

enfin le président lui demanda *s'il a eu des charactères*[1] :

« A dict qu'il croiroit faire mal. »

Le procès-verbal de cette séance est signé par Ravaillac, qui ajoute après sa signature ces deux vers :

> Que toujours dans mon cœur
> Jésus soit le vainqueur.

Le lendemain mercredi 19 mai, au matin, nouvelle séance au Palais de justice :

« A dict (Ravaillac) que ce qui luy reste à desclarer est une intention et désir qu'il a de se relever du presché que commet tout le peuple à son occasion se persuadant et se laissant transporter à leur oppinion que l'accusé a été induict à tuer le Roy par argent ou par des grands ennemis de la France ou par des roys et princes estrangers, désireux de s'agrandir, comme est trop plus communément le désir des roys, des grands potentats de la terre, sans considérer si la raison pourquoy ils se résolvent à faire la guerre est conforme à la volonté de Dieu ou à un désir de s'approprier de la terre d'aultruy injustement, mais que la vérité est que, luy, accusé, n'a esté induict ni poussé à ce par aulcun qui soit au monde, et que si tant estoit que cela fust vray, qu'il eust esté si abominable que d'avoir consenti à un tel acte par argent ou en faveur des estrangers, il l'eust recogneu de prime face devant la justice de Dieu, devant laquelle il respond maintenant la vérité ;

« Qu'il prie la cour, la Royne et tout le peuple de croire qu'il sent son ame deschargée de la faulte qu'ils commettent erronément de penser que aultre que luy l'aye porté à commettre l'homicide qu'il a toujours confessé, et pour ce les supplie de cesser l'opinion qu'ils ont qu'aultre que luy ait participé à cost homicide pour ce que ce presché tombe contre luy accusé pour les avoir laissé en ceste incertitude n'y aïant personne pour juger du faict que luy et est tout ce qu'il a confessé.

---

1. Des sortilèges, des pactes avec l'Esprit du mal.

« Que la cour a assez d'argumens suffisants par les interrogatoires et reponses au procès, qu'il n'y a nulle apparence qu'il aye esté induict par argent ou suscité par gens ambitieux du sceptre de France, car si tant eust esté qu'il y eust esté porté par argent fou aultrement, il sembla qu'il ne fust pas venu jusques à trois fois et trois voïages exprès d'Angoulesme à Paris distant l'un de l'aultre de cent lieues pour donner conseil au Roy de ranger à l'Église catholique, apostolique et romaine ceulx de la religion prétendue réformée, gens du tout contraires à la volonté de Dieu et de son Église, parce que qui a volonté de tuer aultruy par argent, dès qu'il se laisse ainsi malheureusement corrompre par avarice pour assassiner son prince, ne va pas l'advertir comme il a faict trois diverses fois, ainsi que le sieur de la Force, capitaine des gardes, a recogneu depuis l'homicide commis par l'accusé, avoir esté dans le Louvre. »

Nous avons transcrit plus haut la fin de cette réponse, ainsi que celles relatives à la messe entendue par Ravaillac le jour de Pâques à Angoulême et aux invocations du Démon imaginées par Dubois; ces réponses terminent l'interrogatoire de Ravaillac.

Nous ne savons de quelle façon furent employés par les juges les huit jours suivants; sauf le mardi de la semaine suivante, pendant lequel le meurtrier fut de nouveau appliqué à la question.

Le mercredi 26 mai, le meurtrier fut confronté avec Dubois, avec Paul Noster, avec les deux écuyers du Roi et son valet de pied.

On ne trouve pas trace de confrontation avec aucun Angoumoisin; du reste en un si court espace de temps il eût été matériellement impossible d'avoir fait le trajet de Paris à Angoulême et d'y être de retour.

Le jeudi 27 mai, la sentence du parlement fut rendue dans les termes que nous allons transcrire :

ARREST DE LA COUR DE PARLEMENT
CONTRE LE TRÈS MESCHANT PARRICIDE FRANÇOIS RAVAILLAC
Extrait des registres du parlement.

« Veu par la Cour, les Grand'Chambre, Tournelle et de
« l'Edict assemblées, le procez criminel faict par les Pré-
« sidens et Conseillers à ce commis, à la requeste du Pro-
« cureur Général du Roy, à l'encontre de François
« Ravaillac, praticien de la ville d'Angoulesme, prisonnier
« en la conciergerie du palais; information, interroga-
« toire, confessions, dénégations, confrontations de tes-
« moings, conclusions du Procureur Général du roy; oy
« et interrogé par ladicte Cour, sur les cas à luy imposez,
« procez verbal des interrogatoires à luy faicts, à la ques-
« tion, à laquelle de l'ordonnance de ladicte Cour auroit
« esté appliqué le 25 de ce mois, pour la révélation de ses
« complices tout considéré.

« Dict a esté que ladicte Cour a desclaré et desclare
« ledict Ravaillac deüement atteint et convaincu du crime
« de lèze-Majesté, divine et humaine, au premier chef,
« pour le très meschant, très abominable, et très détes-
« table parricide, commis en la personne du feu Roy
« Henri IIIIe, de très bonne et très loüable mémoire.
« Pour réparation duquel l'a condemné et condemne faire
« amende honorable devant la principale porte de l'église
« de Paris, où il sera mené et conduit dans un tombereau,
« là nud en chemise, tenant une torche ardente au poids
« de deux livres, dire et declarer que malheureusement
« et proditoirement il a commis ledict très meschant, très
« abominable et très détestable parricide, et tué ledict
« seigneur Roy de deux coups de cousteau dans le corps,
« dont se repend, demande pardon à Dieu, au Roy et à

« justice ; de là conduict à la place de Grève, et sur un
« eschafaud qui y sera dressé, tenaillé aux mamelles,
« bras, cuisses et gras des jambes, sa main dextre y tenant
« le cousteau duquel a commis ledict parricide ards et
« bruslez de feu de souffre, et sur les endroits où il sera
« tenaillé, jetté du plomb fondu, de l'huille bouillante,
« de la poix raisine bruslante, de la cire et souffre fondus
« ensemble. Ce faict, son corps tiré et demembré à quatre
« chevaux, ses membres et corps consommez au feu, ré-
« duicts en cendre, jettés au vent. A desclaré et déclare
« tous et chacuns ses biens acquis et confisquez au Roy.

« Ordonne que la maison où il a été nay sera desmo-
« lie, celui à qui elle appartient préalablement indemnisé,
« sans que sur le fonds puisse à l'advenir estre faict aultre
« bastiment. Et que dans quinzaine après la publication
« du present arrest à son de trompe et cry public en la
« ville d'Angoulesme, son père et sa mère vuideront le
« royaume avec deffences d'y revenir jamais, à peine
« d'estre pendus et estranglez sans autre forme ni figure
« de procez.

« A faict et faict deffences a ses frères, sœurs, oncle et
« aultres, porter cy-après ledict nom de Ravaillac, leur
« enjoint le changer en aultre sur les mesmes peines. Et
« au substitut du Procureur Général du Roy, faire publier
« et exécuter le present arrest, à peine de s'en prendre à
« luy. Et avant l'exécution d'iceluy Ravaillac, ordonné
« qu'il sera de ce chef appliqué à la question, pour la
« révélation de ses complices.

« Prononcé et exécuté le xxvij may, mille six cent dix.

« Voysin. »

Malgré sa conviction que le régicide avait eu des complices, le Parlement vit bien qu'il avait été poussé à son crime surtout par son fanatisme ; aussi ne lui parut-il pas moins nécessaire de condamner certaines doctrines émises par quelques théologiens que de condamner l'assassin lui-même ; le jour même de la condamnation de celui-ci, et séance tenante en quelque sorte, il rendit la sentence que nous transcrivons :

« La Cour, la Grand'Chambre, Tournelle et de l'Edict assem-
« blées, procédant au jugement du procès criminel extraordi-
« nairement faict à la requeste du Procureur Général du roy,
« pour le très meschant, très détestable et très cruel parricide,
« commis en la personne sacrée du feu roy Henri IV, ouy sur ce
« ledict Procureur Général du Roy, a ordonné et ordonne : qu'à la
« diligence du Doïen et syndics de la Faculté de Théologie, ladicte
« Faculté sera assemblée au premier jour pour délibérer ; ouy la
« confirmation du décret d'icelle du 13 décembre 1413, et résolu
« par censure de 141 docteurs de ladicte Faculté, depuis autori-
« sée par le Concile de Constance, *qu'il n'est loisible à aulcun*
« *que ce puisse estre d'attenter aux personnes sacrées des roys*
« *et autres princes souverains*, et que ledict décret qui intervien-
« dra dans ladicte assemblée, sera soussigné de tous les docteurs
« de ladicte Faculté aïant assisté à la délibération, ensemble par
« tous les Bacheliers qui sont au corps de théologie, pour ledict
« décret estre communiqué audict Procureur Général du Roy et
« veu par la Cour, estre par icelle ordonné ce que de raison.
« Faict en Parlement le 27 mai 1610. »

Le même jour eut lieu l'exécution du régicide.

Pour cette horrible narration, nous devons transcrire le procès-verbal judiciaire lui-même, dans tous ses détails :

PROCÈS VERBAL

De la question à François Rauaillac, et de ce qui se passa auant et après le supplice de la place de Grène.

Dv vingt-sept may 1610, à la leuée de la Cour, en la chambre de la Beuuette.

Pardeuant tous messieurs les Présidens et plusieurs des Conseillers, a esté mandé François Rauaillac, accusé et conuaincu du Parricide du feu Roy, auquel estant à genoulx a esté par le Greffier prononcé l'arrest de mort contre luy donné et que pour réuélation de ses complices sera appliqué à la question, et, le serment de luy prins, (a été) exhorté préuenir le tourment et s'en rédimer par la recognoissance de la vérité, (à confesser) qui l'auoit induit, persuadé, fortifié à ce meschant acte, à qui il en auoit communiqué et conféré :

« A dict que, par la damnation de son ame, n'y a eu homme, femme ni aultre que luy qui l'aye sceu. »

Appliqué à la question des brodequins, et le premier coing mis :

« S'est escrié que Dieu eust pitié de son ame, luy feist pardon de sa faulte et non pas d'auoir recelé personne, ce qu'il a réitéré auec mesmes dénégations comme il a esté interrogé. »

Mis le deuxiesme coing :

A dict auec grands cris et clameurs : « Je suis pescheur, je ne scay aultre chose, par le serment que j'ay faict et doibs à Dieu et à la Cour, je n'en ay parlé que ce que j'ay dict au petit Cordellier, soit en confession, ou aultrement, n'en a parlé au gardien d'Angoulesme, ne s'est confessé en ceste ville et que la Cour ne le feist désespérer. »

Continuant de frapper le deuxiesme coing :

S'est escrié : « Mon Dieu, prenez ceste pénitence pour les grandes faultes que j'ay faictes en ce monde : o Dieu, receuez ceste peine pour la satisfaction de mes peschez, par la foy que je doibs à Dieu, je ne sçay autre chose et ne me faictes désespérer mon ame. »

Mis au bas des pieds le troisiesme coing, est entré en sueur uniuerselle et comme pasmé, luy aïant esté mis du vin à la bouche, ne l'a receu, la parole luy faillant, a esté relasché et sur luy jetté de l'eau, puis faict prendre du vin ; la parole reuenue, a esté mis sur vn matelas au mesme lieu, où a esté jusques à midy, que la force reprinse, a esté conduit à la chapelle par l'exécuteur qui l'a attaché, et mandez les docteurs Filsac et Gamaches, il a eu à disner, puis auant que d'entrer en conférence auec les docteurs, par le greffier a esté admonesté de son salut par la nue recognoissance de la vérité, qui l'auoit poussé, excité et fortifié ou induict à ce qu'il auoit commis et de si long temps projecté, qu'il n'y auoit apparence qu'il eust conçu et entreprins luy seul et sans en auoir communiqué :

« A dict qu'il n'est si misérable de retenir s'il sçauoit plus que
« ce qu'il a desclaré à la Cour, sçachant bien qu'il ne peust auoir
« la miséricorde de Dieu qu'il attend s'il retenoit à dire, et n'eust
« pas voulu endurer les tourments qu'il a receus ; s'il sçauoit
« dauantage, l'eust desclarés ; bien auoit-il faict vne grande
« faulte où la tentation du Diable l'auoit porté, prioit le Roy, la
« Royne, la Cour et tout le monde de luy pardonner, faire prier
« Dieu pour luy, que son corps porte la pénitence pour son
« ame. »

Et plusieurs fois admonesté, n'aïant faict que répéter ce qu'il auoit dict, a esté délaissé aux deux Docteurs pour faire ce qui est de leur charge.

Peu après deux heures, le Greffier mandé par les deux docteurs, luy ont dict :

« Que le condamné les auoit chargés de faire venir, pour luy
« dire et signer comme il entendoit que sa confession fust réué-
« lée, mesmes imprimée, afin qu'elle fust sceue par tout ; laquelle
« confession iceulx Docteurs ont desclaré estre que aultre que
« luy n'auoit faict le coup, n'en auoist esté prié, sollicité ni in-
« duict par personne ni communiqué, recognoissant comme il
« auoit faict en la Cour auoir commis vne grande faulte dont il
« espère la miséricorde de Dieu plus grande qu'il n'estoit pes-
« cheur, et qu'il ne s'y attendroit s'il retenoit à dire. »

Sur ce par le Greffier ledict condamné requis de la recognoissance et confession qu'il vouloit estre sceue et réuélée, de rechef admonesté de recognoistre la vérité pour son salut :

« Dict avec serment qu'il auoit tout dict, que personne du

« monde ne l'auoit induict et n'en auoit parlé ni communiqué à
« aultres qu'à ceulx qu'il a nommés au procès. »

Incontinent après trois heures tiré de la Chapelle pour sortir la Conciergerie, les prisonniers en multitude et confusion avec injures *meschant, traistre*, et aultres semblables, l'ont voulu offenser sinon que les archers et aultres officiers de la justice présens pour la main forte et en armes les ont empeschez.

Sortant la Conciergerie pour monter au tombereau et y estant, le peuple de tous costez et en si grand nombre qu'il estoit difficile aux archers de passer, s'est mis à crier, les uns, *meschant ;* les aultres, *parricide ;* les aultres, *le traistre ;* les aultres, *le meurtrier*, et aultres parolles d'indignation et opprobres, et s'efforsant plusieurs de l'offenser et se jetter sur luy, dont la force les a empeschez ; après un long *Paix-là !* et lors, *Escoutez ! de par le Roy*, dict par trois fois, on se tut pour escouter l'arrest ; mais à ces mots : *tué le Roy de deux coups de cousteau*, recommencé leurs cris à plus haulte voix, et les mesmes opprobres qui ont continué jusques à l'église de Paris [1] où la clameur et cris ont esté semblables à la lecture de l'arrest, qui a esté là exécuté pour l'amende honorable ; puis conduict à la Grève, recevant en cheminant les mesmes injures et clameurs d'indignation du desplaisir de tous, plusieurs se voulant jetter sur luy.

Le cri faict à la Grève, avant que descendre du tombereau pour monter sur l'eschaffault, encore admonesté, a réitéré les précédentes desclarations et prières au Roy et à la Royne, et à tout le monde, de luy pardonner la grande faulte qu'il avoit faicte et faire prier Dieu pour luy, le peuple continuant ses clameurs d'injures et d'indignation contre luy.

Monté sur l'eschaffault y a esté consolé et exhorté par les docteurs, qui aïant faict ce qui estoit de leur profession [2], le greffier

1. L'église Notre-Dame, église cathédrale de Paris.
2. On lit dans un autre récit du supplice qu'à ce moment le malheureux demanda l'absolution à son confesseur ; celui-ci la lui refusa, en disant que cela lui était défendu en crime de-lèse majesté au premier chef, s'il ne vouloit révéler ses fauteurs et complices. Il répondit qu'il n'en avoit point comme il le lui avoit souvent protesté et protestoit encore de rechef. Le prêtre ne voulant passer outre : « Donnez-moi, dit-il, l'absolution, au moins à condition, au cas que ce que je dis soit vrai. — Je le veux, lui répondit le confesseur, mais à cette condition qu'au cas qu'il ne soit ainsi, votre âme, au sortir de cette vie que vous allez perdre, s'en va droit en enfer et au

d'abondant l'a exhorté, finissant la vie, penser à son salut par la nue vérité, à quoy n'a voulu dire que ce qu'il auoit dict au précédent.

Le feu mis à son bras, sa main droite percée de part en part d'un cousteau rougi au feu de soufre; ensuite on luy deschira les mammelles et le gras des jambes avec des tenailles rouges qui luy firent faire des cris..... tenant le cousteau s'est escrié : *Adieu* (ah ! Dieu !), et plusieurs fois dict : *Jésus Maria*, par après tenaillé, il a réitéré les cris et prières, faisant lesquelles plusieurs fois admonesté à recognoistre la vérité, n'a dict que comme au précédent et le peuple auec grand rumeur crié et répété les opprobres et injures, disant qu'il le falloit là laisser languir, puis aux interualles le plomb fondu et huile jettés sur les plaies où il auoit été tenaillé a continué fort haultement ses cris.

Sur ce les docteurs luy ont de rechef parlé, et à ce faire invitez par le greffier, ont voulu faire les prières accoustumées pour le condamné, se sont debout descouuerts et commencé publiquement, mais tous aussitost le peuple en turbe et confusion a crié contre eulx, disant qu'il ne falloit point prier pour ce meschant et condamné, et aultres parolles semblables, telles qu'ils ont esté contraincts cesser.

Et lors le greffier luy a remonstré comme la grande indignation du peuple estoit le jugement contre luy, qui l'obligeoit à se disposer de tout au plus à la vérité, il a continué, dict : Il n'y a que moy qui l'aye faict.

Faict tirer les cheuaux enuiron demie heure, par interualle arrestez, enquis et admonesté, a perséuéré en ses desnégations ; et le peuple de toutes qualités qui là estoient proche et loing, continué ses clameurs et tesmoignages de ressentiment du malheur de la perte du Roy, plusieurs mis à tirer les cordes auec telle ardeur que l'vn de la noblesse qui estoit proche, a faict mettre son cheual au lieu de l'vn de ceulx qui estoit recreu[1], et

---

diable, ce que je vous dénonce de la part de Dieu comme certain et infaillible, — Je l'accepte et reçois, dit-il, à cette condition. »

Et l'on pourrait croire que cet homme, plein de foi, aurait ainsi voulu perdre son éternité par un entêtement inexplicable !

Cela n'est pas !

Ravaillac a cru agir par l'effet seul de sa volonté. Reste à savoir si son fanatisme n'a pas été, à son insu, excité, exploité.

1. Lassé, fatigué.

enfin par vne grande heure tiré sans estre desmembré, a rendu l'esprit, et lors desmembré, le peuple de touttes qualitez se sont jettez auec espées, cousteaux, bastons et aultres choses qu'ils tenoient; à frapper, couper, deschirer les membres, ardemment; mis en diuerses pièces, rauis à l'exécuteur, les traisnant qui çà qui là par les rues de tous costez auec telle fureur que rien ne les a peu arrester, et ont esté bruslés en diuers endroits de la ville.

Quelques manans des enuirons de Paris aïant troué le moïen d'en auoir quelques lopins et aulcuns des entrailles, les traisnèrent brusler jusques en leurs villages!

Nicolas Pasquier (qui est, il est vrai, sujet à caution) prétend même[1] « qu'une femme mangea de la chair du régicide et d'autres la *pétillèrent* aux pieds. »

Nicolas Bourbon et, d'après lui, Champflour, que nous avons déjà cités, disent de leur côté dans leurs *Exécrations* :

> .... et qu'il se trouue encore
> Un habitant bruslé de la contrée More
> Qui nourry dans la France engloutisse goulu
> Les membres depessés de ton corps vermoulu.

1. Tome II, page 1064.

CHAPITRE NEUVIÈME

PARENTES DU RÉGICIDE QUI, EN 1610, PORTAIENT SON NOM.
LEURS DESCENDANCES

A Paris, l'arrêt terrible avait reçu son exécution; à Angoulême, à quelques jours de là, il était signifié à *son de trompe et cry public;* les personnes qui étaient atteintes par lui et devaient être flétries puisqu'elles tenaient de si près au meurtrier, n'avaient pour obéir qu'un délai de quinzaine à partir de cette signification, sous peine d'être pendues et étranglées, sans autre forme de procès.

Immédiatement, Geoffroy, le frère du condamné, se présenta au présidial d'Angoulême et y fit enregistrer son intention de prendre pour nouveau nom patronymique, en conformité de l'arrêt, le nom de *Montalque;* c'est ce nom que porte l'acte passé devant M. Chaigneau, notaire royal à Angoulême, le 21 juin 1610 (vingt-cinq jours par conséquent après l'arrêt du Parlement): par cet acte, la mère infortunée du régicide, à la veille de partir, avec son misérable époux, pour un exil dont nous ne connaissons pas le lieu et dont la mort, il faut l'espérer pour eux, vint les délivrer bientôt, donnait procuration générale à Geofroy de gérer et administrer tous ses biens; dans cette procuration la malheureuse est simplement nommée Françoise Dubreuilh; le nom de son mari, puisque ce nom maudit ne devait plus être porté, n'est pas mentionné.

Quant aux autres membres de la famille, à l'exception de Geoffroy, ce brigand qui était repoussé par tous, ils se réunirent pour aviser au nouveau nom patronynique qui devait être choisi.

Le chef de cette famille si cruellement frappée était Pierre Ravaillac, l'écuyer, oncle du régicide et le seul mâle qui, avec le père et le frère de celui-ci, portait ce nom odieux. Pierre Ravaillac venait sans doute de recueillir l'héritage de Pierre Montgeon, écuyer, sieur de Rochefort, prêtre, demeurant à Angoulême, parent ou ami du procureur François Ravaillac et dont nous avons constaté la présence comme témoin en 1577, dans un acte de vente consenti par celui-ci, père de Pierre Ravaillac susnommé[1]; celui-ci annonça que son intention était de prendre désormais pour nouveau nom patronymique celui de *Montgeon ou Montjon;* c'était un devoir pour les autres membres de la famille de se conformer à l'exemple de son chef.

Que l'on ne traite pas de fable ce récit!

Sous le chapitre suivant nous fournirons la preuve de ce que nous avançons, en ce qui concerne les enfants dudit Pierre Ravaillac; et, pour les femmes de cette famille, nous allons fournir cette preuve immédiatement, d'une manière indiscutable.

Ces femmes étaient peu nombreuses : en dehors des sœurs du régicide, nous ne constatons l'existence en 1610 que de Catherine Ravaillac, veuve en secondes noces de Nicolas Mesnard, sœur germaine du père de celui-ci (la

---

1. Voir la première planche des signatures. Pierre Montjon figure également au partage de 1574.

femme du procureur Arnauld, également leur sœur germaine, étant décédée depuis longues années déjà, et Catherine Ravaillac la jeune, mariée à Pierre Grazillier, sœur consanguine des susnommées, ayant disparu depuis plusieurs années).

Hé bien! nous allons rapprocher l'un de l'autre deux contrats de mariage qui nous feront voir, de la manière la plus évidente, que la personne nommée en 1604 *Catherine Ravaillac*, veuve de Nicolas Mesnard, et celle nommée, en 1627, *Catherine Montjon*, veuve de Nicolas Mesnard, n'étaient bien qu'un seul et même individu.

Dans le premier de ces contrats de mariage, passé devant Me Gibaud, notaire à Angoulême, le 25 juin 1604, Jehanne Mesnard, veuve de Jehan Rochier, épouse en secondes noces sire Jehan Robin; elle est dite fille naturelle et légitime de Nicolas Mesnard, archer de M. le vice-sénéchal d'Angoulême, et de *Catherine Ravaillac*: elle comparaît sous l'autorité, conseil et avis de celle-ci, de vénérable personne frère Jehan Mesnard, religieux de l'abbaye de Saint-Cybard et prieur de Bourg-Charente, de Pierre Mesnard, praticien, ses frères germains; de Pierre Ravaillac, son oncle, et en présence de Me François Pichot;

Dans le second contrat de mariage, passé devant Me Chérade, notaire à Angoulême, le 4 octobre 1627, messire Pierre Mesnard, écuyer, sieur de la Sauzaie et de la Vallade, maître d'hôtel de Mme du Massez, demeurant au château de Bouteville, épouse Marie Tizon de la Groie : le futur est dit fils de Nicolas Mesnard, premier archer de la compagnie de M. le vice-sénéchal, et de dame *Catherine Montjon;* il stipule avec les avis et conseils de Jehan Mesnard, religieux profès et aumônier de l'abbaye de Saint-

Cybard, son frère, et de François Pichot, son frère maternel. (Nous savons qu'en effet ladite Catherine Ravaillac-Montjon était veuve en premières noces de maître Pichot lorsqu'elle épousa en secondes noces Nicolas Mesnard.)

Ainsi, il est bien de toute évidence que, Mme Robin et Pierre Mesnard étant sœur et frère germains, leur mère, Catherine, soit Ravaillac, soit Montjon, n'était en réalité qu'une seule et même personne.

Nous avons dit qu'en 1610 le nom de Ravaillac était porté, en outre de celle-ci, par les sœurs du régicide; nous avons sur ces dernières très peu de renseignements, elles devaient être plusieurs et sans doute mariées; nous avions cru d'abord devoir ranger parmi elles Catherine Montjon, qui, en 1618, était veuve de Jean Horson, sieur de Lunesse; c'était là une erreur, puisque son fils, Arnaud Horson, pareillement sieur de Lunesse, fut, en 1627, nommé échevin à la place de son oncle Jacques Montgeon, écuyer, sieur de Fléac. (Mme Horson était donc de la famille même des Montgeon de Fléac.)

En revanche, Jehanne... Montjon, veuve, en 1611, de noble Jehan Maquelilan, sieur de la Courrière, pourrait être une des sœurs que nous cherchons : le Jehan Maquelilan en question était sans doute le neveu d'Étienne Maquelilan, procureur ès cour ordinaire et présidiale d'Angoumois, notaire royal audit pays, pair du corps et collège de ladite ville, puis conseiller de la commune d'Angoulême de 1574 à 1580, année où il mourut sans enfants. (Celui-ci est précisément l'auteur de la curieuse *Réception de Philippe de Voluire*, dont nous avons eu occasion de parler page 23.)

Jehanne Montjon, veuve Maquelilan, eut pour fils unique

noble Étienne Maquelilau, qui, en cette même année de 1611, prend la qualification de chanoine prébendé de l'église Saint-Pierre de Condom ; en 1631, il est qualifié écuyer, docteur en théologie, maître ès arts, chanoine de la cathédrale d'Angoulême, principal du collège de ladite ville ; par son testament, il fonda dans cet établissement un cours de philosophie.

Arrivons à la descendance de Catherine Ravaillac-Montjon, tante du régicide :

De son premier mariage avec maître Pichot, elle n'avait eu qu'un fils, François, que nous voyons assister, en 1604, au mariage de Mme Robin, née Mesnard, sa sœur consanguine, et, en 1627, au mariage de Pierre Mesnard, son frère utérin ; François Pichot était conseiller et élu pour le roi en l'élection d'Angoulême, et, en 1599, maître d'hôtel de Mgr du Massez.

De sa seconde union avec Nicolas Mesnard, nous avons vu, chapitre deuxième, que ladite Catherine Ravaillac-Montjon avait eu deux fils et une fille ;

Nous n'avons point à revenir sur le fils cadet, qualifié de vénérable personne Jehan Mesnard, religieux profès de Saint-Cybard, prieur de Bourg-Charente, puis aumônier de ladite abbaye de Saint-Cybard :

Pour le fils aîné, Pierre Mesnard, nous l'avons vu, en 1604, qualifié simplement de praticien, puis, en 1627, pour son mariage, prenant les titres d'écuyer, sieur de la Sauzaie et de la Vallade, maître d'hôtel de Mme du Massez.

Il contractait vraiment une belle alliance en épousant Marie Tizon de la Groie, qui n'était rien moins qu'une fille de l'antique maison des Tizon d'Argence, certainement l'une des plus illustres de notre province d'Angoumois : Marie avait pour père Daniel Tizon, écuyer, seigneur de la Groie, dont le frère Hélie ou Héliot Tizon, écuyer, seigneur de Cigogne, conseiller au présidial d'Angoumois, eut d'Antoinette Duport, fille sans doute de M. des Roziers susnommé : pour fils, Jean Tizon, écuyer, seigneur des Roziers ; et pour fille, Antoinette Gabrielle Tizon, mariée en 1622 à Jehan de Chergé, écuyer, fils de Cybard de Chergé, écuyer, seigneur dudit lieu, et d'Élisabeth de Montalembert ; la mère de ladite Marie Tizon de la Groie était Catherine Moulin, sœur de Jean Moulin, écuyer, seigneur de La Trésorière et des Mérigots, lieutenant criminel à Angoulême : en vérité, le supplice du régicide n'avait nui que médiocrement à son cousin germain !

Ce dernier n'eut pas d'enfants ; ou bien ceux-ci laissèrent-ils l'Angoumois ? nous n'avons aucune donnée à ce sujet. Ce nom de Mesnard se rencontre bien dans notre province aux générations suivantes : ainsi, une demoiselle Françoise Mesnard était mariée à Philippe Babin, écuyer, seigneur de Rencogne, paroisse de Mons ; desquels provint Madeleine, mariée en juillet 1721 à Pierre Mathieu Babinet, seigneur du Peux, de Joué et de Chaume, maire de Poitiers de 1727 à 1730 ; mais nous ne savons nullement si elle descendait dudit Pierre Mesnard, écuyer, sieur de la Sauzaie et de la Vallade.

Il y a bien aussi les Mesnard de Laumont : Jean Mesnard fut nommé maire bi-triennal d'Angoulême par lettres-patentes du 19 avril 1708 ; il se qualifia, depuis, écuyer et seigneur de Laumont, paroisse de Bignac, et il décéda le 28 mars 1741 à l'âge de quatre-vingt-onze ans ; de Catherine Maurougné, il eut :

Michel Mesnard, écuyer, conseiller du roi, président en l'élection d'Angoulême, marié à Françoise Saulnier de Pierre-Levée ;

Et Jean Mesnard de Laumont, marié en 1753 à Madeleine Chérade de la Pouyade.

Mais le maire d'Angoulême descendait d'une branche collatérale des seigneurs de la Sauzaie et de la Vallade et ne comptait pas au nombre de ses ascendantes ladite Catherine Ravaillac.

Nous avons, enfin, à parler de la fille unique de celle-ci, Jehanne Mesnard, mariée en premières noces (contrat du 7 juin 1599) à Jean Rochier, dont elle n'eut sans doute pas d'enfants ; et en secondes noces, aux termes de contrat du 25 juin 1604 dont il a déjà été question, à sire Jehan Robin, marchand à Angoulême.

Celui-ci, petit-fils d'Hector Robin, échevin à Angoulême[1], avait pour père Étienne Robin, marchand à Angoulême, et pour mère Françoise Terrasson, dont le père ou l'oncle, François Terrasson, avait été maire d'Angoulême en 1553.

On pourrait croire que du mariage de Jehanne Mesnard avec Jehanne Robin naquit Jehanne Robin, mariée en premières noces à Marc Filz, puis en secondes noces (église Saint-André à Angoulême, le 28 mai 1634), à Raymond de Villoutrey, écuyer, seigneur de la Diville ; elle n'était en réalité que leur nièce, étant issue du mariage d'Étienne Robin, frère dudit Jehan, avec Françoise Chollet.

---

1. Au § 6 des notes nous donnerons quelques détails sur la famille Robin.

CHAPITRE DIXIÈME

LES RAVAILLARD : LA GORGE DE BAUME-LES-MESSIEURS. — LE RAVAILLAC-MICHAUD DE MONTGEON : LE CHATEAU DU DIABLE

Il était difficile d'admettre que la famille Ravaillac, ainsi que le donnait à entendre M. de Rencogne, continuât à subsister, petits cultivateurs dans le Dauphiné, sous le nom à peine modifié de Ravaillard : Ravaillac, Ravaillard, ce n'est pas là, à proprement parler, un changement de nom ; c'est une terminaison modifiée simplement par le génie même de la langue de chaque province, qui, de nos terminaisons en *ac* de la Gascogne et de la Saintonge, fait une terminaison en *at* pour l'Auvergne et en *ard* sur nos frontières orientales : Louis XIII n'aurait assurément pas admis cette modification dérisoire.

C'est donc à peu près certain d'un résultat négatif que nous avions écrit tout d'abord à M. l'archiviste du département de l'Isère[1]; sa réponse ne fut pas une déception pour nous.

---

1. Qu'il veuille bien agréer ici, de nouveau, tous nos remerciements pour la peine que nous lui avons donnée, de même que tous ceux qui nous ont aidé dans le présent travail, particulièrement MM. les archivistes de la Charente et de la Drôme, M. le chef de bureau de l'état civil d'Angoulême, M. le maire de Lavigny, M. Pellisson, bibliothécaire de Cognac, etc.

En revanche nous recevions peu après du département de la Drôme la lettre suivante :

« Selon votre désir, j'ai consulté la table des trois volumes de l'Inventaire sommaire et je n'ai rien trouvé qui approche du nom indiqué.

« J'ai recouru alors aux archives modernes :

« En 1844, Charlotte Ravaillard, née à Lavignée (Jura), condamnée à Lyon à dix ans de travaux forcés pour vol de marchandises en 1834, avait choisi Valence pour sa résidence, en quittant la maison centrale de Montpellier.

« Elle ne resta pas longtemps dans notre ville et repartit pour Vienne le 23 décembre même année. Elle avait alors cinquante ans.

« Ce renseignement vous permet de reporter vos recherches sur un autre point.

« Il n'y a pas de Lavignée dans le Jura, mais un Lavigny. Lavignée serait dans la Haute-Saône, etc. »

Nous étions enfin sur la piste. On pouvait le deviner instinctivement ; il était si naturel que le frère du régicide se fût réfugié, non pas dans la province, française depuis plusieurs siècles déjà, du Dauphiné, mais dans cette Franche-Comté qui était alors ardemment dévouée au roi d'Espagne, son souverain, ennemi mortel d'Henri IV !

Dans la partie la plus sauvage des montagnes de cette dernière province, à cent cinquante mètres de la célèbre gorge de Baume-les-Messieurs, Geoffroy Ravaillac avait choisi son repaire. Cachée dans les bois qui surplombent le hameau de Rosnay, sa misérable chaumière était encore, vers la fin du siècle dernier, habitée par ses descendants. Les ruines en ont été peu à peu dispersées, au fur et à mesure du défrichement des montagnes et des forêts. Aujourd'hui tout a disparu, il ne reste plus qu'un champ, à qui l'on a conservé du moins le nom sinistre de ses anciens propriétaires : le Champ-Ravaillard.

La tradition de la contrée veut que ce soit le régicide lui-même qui soit venu se cacher dans cet antre ; nous savons à quoi nous en tenir à ce sujet. Il ne peut s'agir non plus du père du régicide : âgé d'environ soixante-dix ans à l'époque de l'attentat, il est invraisemblable que Jean Ravaillac ait, à un âge si avancé, pu former une nouvelle souche.

Selon nous, le fugitif ne pouvait être que Geoffroy, frère aîné du régicide.

Son dernier descendant en ligne masculine habite à dix kilomètres environ du Champ-Ravaillard ; il n'a pas cru devoir répondre à nos questions. Il n'a plus au hameau de Rosnay de parent de son nom ; le dernier y est mort, sans s'être marié, vers 1875.

Revenons dans notre Angoumois, où nous avons laissé les enfants de l'écuyer Pierre Ravaillac, oncle du régicide.

A quelques kilomètres au sud-est d'Angoulême, sur la commune de Puymoyen, dans l'étroit vallon des Eaux-Claires, est une autre ruine, guère moins dévastée que la chaumière des Ravaillard et connue sous le nom de *Château du Diable*.

Voici dans quels termes[1] en parle M. l'abbé Michon dans cette *statistique* qui a déjà été plusieurs fois citée par nous :

« Une vieille construction, appelée le Château du Diable, indiquée sur la Carte de Cassini sous le nom de *Château ruiné*, se trouve au bas du Petit-Rochefort. Des souterrains assez vastes, creusés dans le rocher, forment la partie la plus intéressante de

1. Page 239.

ce château. Le bâtiment qui s'élevait au-dessus, était des premières années du xviᵉ siècle. »

Sur ce même sujet, M. Alcide Gauguié, dans sa *Charente communale illustrée*[1], s'exprime dans ces termes romantiques :

« Sur un coteau d'où coule le ruisseau des Eaux-Claires, au sommet escarpé d'un rocher aux flancs duquel s'attachent les ronces et les buis, on aperçoit un vieux pan de mur rasé jusqu'au niveau du sol.

« C'est le Château du Diable.

« Ce nom de Château du Diable, substitué par la haine populaire à l'ancien nom disparu[2], ne laisse aucun doute que ce lieu redoutable ne servît de repaire à quelques nobles pillards ou plutôt aux partis anglais qui désolèrent le pays pendant la guerre de Cent-Ans. Il fut rasé lors de l'expulsion définitive des Anglais sous Charles VII; il ne reste plus de cette antique forteresse que des caves ou souterrains profonds, les uns taillés dans le roc, les autres voûtés en maçonnerie.

« Une tradition populaire voulait que le Diable s'opposât à ce qu'aucune construction fût faite sur ces ruines, son domaine. »

En effet, très anciennement, un château dut se dresser sur ces rochers et, par suite de sa position, s'appeler Rochefort; il fut détruit, soit après la guerre de Cent-Ans, soit après tout autre événement; mais, ainsi que le dit M. l'abbé Michon, une nouvelle construction avait été édifiée sur les anciennes ruines, dans les premières années du xviᵉ siècle.

Dans ce même siècle, cette construction était possédée par maître Pierre de Montgeon, prêtre, qualifié sieur de Rochefort, qui, en qualité d'ami ou peut-être de parent

1. Page 132.
2. Sans la fin de cette même phrase, il semblerait que M. Gauguié ait deviné la vérité.

de François Ravaillac, aïeul du régicide, avait été, en 1577, témoin dans la vente par lui consentie à Vivien Roudier, du bourg d'Yvrac, et en 1574, témoin du partage intervenu entre lui et ses deux fils.

Avant d'aller plus loin, disons quelques mots sur sa famille, qui était sans doute celle dont Vigier de la Pille (page CXXVIII) parle en ces termes :

« Mongeon (Michel) maire d'Angoulême en 1481, conseiller en 1488;

« Micheau Mongeon, échevin en 1498;

« Louis, son fils, reçu à sa place en 1501;

« Penot Mongeon, conseiller de 1506 à 1516;

« Jean Mongeon, sieur du Petit-Challonne, maire en 1536, ensuite conseiller jusqu'en 1544;

« Pierre Mongeon, conseiller de 1558 à 1586;

« Jacques, son fils, eut sa place cette année-là; il la garda jusqu'en 1626, il se qualifiait sieur de Fléac, il avait un frère, nommé Jean Mongeon, sieur du Petit-Challonne, qui articule à la recherche de 1699 qu'il était fils de Pierre Mongeon; celui-ci, de Jean; qu'ils avaient toujours pris la qualité d'écuyer; il justifia la filiation de son père par une ancienne enquête; il représenta que le Petit-Challonne avait été pillé, les titres enlevés et son père emmené prisonnier pendant les guerres de la religion. »

A cette famille appartenait le capitaine Jehan Montgeon, sieur du Haut-Puy de Fléac, sur lequel M. le comte Anatole de Brémond d'Ars a publié un intéressant travail, dans le bulletin 1873-1874 du *Bulletin de la Société archéologique et historique de la Charente*. Après avoir donné sur la famille de ce capitaine les renseignements en sa possession, et qui sont ceux mêmes que nous avons transcrits plus haut, M. Anatole de Brémond d'Ars ajoute, page 305 du volume :

« Dans la liste du ban de la noblesse d'Angoumois en 1635,

publiée par le vicomte Théophile de Brémond d'Ars, on voit un Isaac Michaud de Montjeon, écuyer, sieur de Rochefort, et Jehan Michaud de Montjeon, son frère, chargé de le remplacer.

« Appartenaient-ils à la famille des maires d'Angoulême ? évidemment non : Michaud étant ici l'appellation patronymique de ces deux gentilshommes, et non point un prénom, comme pour Micheau Montgeon, échevin d'Angoulême en 1492. »

M. le comte Anatole de Brémond d'Ars a parfaitement raison de distinguer les deux Michaud de Montjon dont il s'agit d'avec la famille des maires d'Angoulême ayant porté ce nom de Mongeon.

Mais on sera bien étonné d'apprendre qu'en 1622 les deux gentilshommes en question s'appelaient non pas Michaud de Montjon, mais Montjon ou de Montjon.

Au risque de nous faire traiter de visionnaire, nous avouons ici notre conviction que les deux frères dont nous nous occupons présentement n'étaient autres que les fils de l'écuyer Pierre Ravaillac et par conséquent les cousins germains du régicide.

Cette conviction est née des réflexions suivantes :

1° Nous avons vu sous le chapitre précédent, et de la la manière la plus irrécusable, que Catherine Ravaillac, tante du régicide, avait pris pour nouveau nom patronymique celui de *Montjon* : il est à croire, et même il ne pouvait pas en être autrement, que chaque personne de la famille avait fait choix du même nom ;

2° Rochefort avait été possédé à la génération précédente par Pierre de Montgeon, prêtre ; nous le trouvons vers 1620 possédé par deux frères portant le même nom que celui-ci : d'où la déduction naturelle que ceux-là avaient hérité de ce dernier ;

CHAPITRE DIXIÈME

3° On n'apporte pas, sans des raisons graves, des modifications à un nom honorable. Or, dans les minutes de Chérade, notaire à Angoulême, nous voyons :

En 1620, une obligation contractée par *Isaac Micheau, écuyer, sieur de Rochefort,* et demoizelle Anne de Saulière [1], sa femme, demeurant à Rochefort, paroisse de Puymoyen ;

En 1622, une vente consentie par *Isaac Michel de Montjon, écuyer, seigneur de Rochefort,* et Anne de Saulière, sa femme ;

En 1627, un arrentement consenti par *noble homme Jean Montjon ;*

En 1630, un autre arrentement par *Jean Montjon, écuyer,* d'une vigne au plantier d'Argence (qui lui venait très probablement de Jeanne Cousseau, seconde femme du procureur François Ravaillac, lequel se trouvait être aïeul paternel et du régicide et dudit Jean Montjon ; car nous savons que Jeanne Cousseau, après la mort de son mari, s'était retirée dans ce même village d'Argence) ;

En 1632, un bail par *Jean Montjon, écuyer ;*

En 1634, une sommation à *Isaac Micheau, écuyer, seigneur de Rochefort,* et à dame Anne du Soulier (*aliàs* de Saulières), sa femme.

Ainsi jusqu'en 1634 Jean se nommait avec continuité *Montjon ;* son frère Isaac se faisait appeler tantôt *Isaac Michel de Montjon,* tantôt *Isaac Micheau, sieur de Rochefort ;* enfin, pour le ban de la noblesse d'Angoumois en 1635, les deux frères sont d'accord sur leur nom patronymique, *Michaud de Montjon.*

---

1. Daniel de Saulières, écuyer, neveu de celle-ci, épousa vers 1655 Louise de la Porte-aux-Loups, fille de Jacques, seigneur de Saint-Genis, Mirambeau, Beaumont, Cravans, etc.

D'où peut parvenir une telle singularité?

Selon nous, cette modification finit par être imposée aux deux frères Ravaillac par la véritable famille Montgeon, de Chalonne, qui devait être médiocrement satisfaite de voir son nom ainsi adopté, sans aucun changement notable, par les représentants en ligne masculine de Ravaillac ; si les mêmes difficultés ne furent pas faites aux femmes qui, appartenant à cette même famille, avaient fait choix pareillement de ce nouveau nom patronymique, c'est qu'avec elles les désagréments étaient bien moins sensibles ;

4° Ne semble-t-il pas que la légende, rapportée par M. Gauguié, que *le diable s'opposait à ce qu'aucune construction fût faite sur ces ruines de Rochefort*, soit un écho de l'arrêt du parlement de Paris, décidant *que la maison où a esté nay le régicide sera desmolie, sans que sur le fonds puisse à l'avenir estre faict aultre bâtiment*.

A quelle époque Rochefort fut-il abandonné par les Michaud de Montgeon?

Ces deux frères Ravaillac durent-ils fuir devant le flot de la fureur populaire, qui, un instant clémente, aurait eu contr'eux un retour terrible ?

A cet égard, les registres de l'état civil de la commune de Puymoyen, qui ne remontent qu'à la fin du siècle dernier, ne donnent aucuns renseignements,

Non plus que l'histoire,

Non plus même que la tradition.

L'un ou l'autre des frères Michaud de Montgeon avait-il à revendiquer comme filles les deux personnes dont nous allons parler? qui, habitant La Rochelle, firent inscrire le 19 février 1700 leurs armes dans l'Armorial de cette généralité ; elles se nommaient :

Esther Montjon, veuve de N... portant pour armes : *d'azur à la haute montagne d'or sommée de joncs et de roseaux d'argent et cotoïée de deux lions affrontés de même*;

Et Marie-Anne Montjon, fille, portant les mêmes armes que la précédente.

Nous ne savons...

. . . .

Ainsi, c'est à peine si nous avons pu arracher au secret son premier mot : les ténèbres du Château du Diable se sont refermées... impénétrables, pour le moment du moins.

NOTES

§ 1er.

FAMILLE LE COMTE

La famille Le Comte était une famille considérable d'Angoulême. Je ne sais si nous devons y rattacher Jeanne Le Comte, qui, ainsi que Antoinette de Polignac, dame de Combronde, fut maîtresse de Charles, comte d'Angoulême, père du roi François Ier; Charles eut de cette Jeanne Lecomte une fille, Souveraine d'Angoulême, qui, par contrat du 10 février 1512, fut mariée à Michel Gaillard, seigneur de Chilly et de Longjumeau [1].

Mais à cette famille Lecomte appartenaient certainement :

Guillaume Lecomte, conseiller en l'hôtel de ville d'Angoulême en 1574 (sans doute fils de Me Raymond Lecomte, procureur au présidial d'Angoumois et frère de Marguerite Lecomte, première femme de François Ravaillac et aïeule paternelle du régicide);

Et Jehan Lecomte, probablement fils du précédent, qualifié écuyer, maréchal des logis de François, duc d'Alençon, frère des rois Charles IX et Henri III; l'une de ses filles, Jeanne, épousa Guillaume Robin, écuyer, seigneur de Plassac et des Ardilliers, avocat en la cour du présidial d'Angoumois ; une autre de ses filles, Marguerite, épousa Gaston Viaud, écuyer, seigneur d'Aignes.

Me Michel Lecomte, proche parent de celui-ci, eut de Jeanne Verdeau, outre Jean, qui suit :

Catherine, baptisée en l'église Saint-Martial d'Angoulême le 28 décembre 1632 (parrain François Le Meusnier, fils de Jacques Le Meusnier, chevalier, seigneur de Rouffignac, de Moulidars et

---

[1]. D'Antoinette de Polignac le comte d'Angoulême avait eu : Jeanne, mariée à Jean Aubin, seigneur de Malicornes et de Surgères, puis à Jean de Longwy, seigneur de Givry et de Fontaine-Française ; et Madeleine, abbesse de Saint-Ausône d'Angoulême de 1490 à 1515, puis de Farmoutier et de Jouarre.

de Mosnac; marraine, Catherine Lambert, fille de François Lambert, conseiller et avocat du roi).

Jean Lecomte, né sur ladite paroisse Saint-Martial le 4 juin 1636, d'abord avocat au parlement et greffier en l'élection d'Angoulême, décéda le 1ᵉʳ février 1666 procureur en la même élection, ayant eu de Marie Pradeau :

1° Michel, baptisé en l'église Saint-Martial le 11 avril 1657 (parrain, Mᵉ Michel Lecomte, marraine, Anne Pradeau);

2° Marie, née en 1658, décédée le 30 juillet 1669, âgée de onze ans;

3° Noël, baptisé le 20 novembre 1660 (parrain, Noël Thuet, greffier en l'élection; marraine, Marie Lecomte); il mourut deux jours après;

4° Catherine, baptisée le 24 janvier 1662 (parrain, Pierre Desbrandes, écuyer, seigneur du Petit-Vouillac; marraine, Catherine Lecomte);

5° Pierre, baptisé le 20 août 1663 en l'église Saint-Martial comme ses frères et sœurs.

Pierre Lecomte, petit-fils sans doute de celui-ci, fut greffier en chef à Angoulême, et épousa en 1724 (église Saint-Antonin d'Angoulême) Madeleine Robuste (de Laubarière?).

C'était probablement leur fils celui qui, sous le nom de Joseph Lecomte, sieur de Monteroche, épousait dans la même église Saint-Antonin, en 1745, Catherine-Rose-Élisabeth Robuste (de Laubarière?).

Cette famille paraît s'être éteinte vers la fin du siècle dernier en la personne de M. Le Comte des Hors, père de quatre filles, savoir :

Mme de Malledent, et dame Félicité Le Comte, mariée à Jacques Chausse de Lunesse, l'une et l'autre mortes sans postérité; — Marie-Antoinette, mariée à M. Marchadier, mère de Mmes Gautier et Bureau, et d'un fils décédé en 1873 capitaine d'infanterie et chevalier de la Légion d'honneur, ayant épousé en secondes noces Mlle Caroline de Vaublanc, fille de Charles-Auguste Viennot, comte de Vaublanc, chevalier de Saint-Louis et de la Légion d'honneur, et de Louise-Hyacinthe-Cécile de Courbon de la Roche-Courbon de Blénac; d'un premier mariage, pour fille unique, Mme de Manny; — enfin Jeanne Le Comte, mariée à M. Horric de Beaucaire, aïeule notamment des vicomtes Horric de Beaucaire.

§ 2.

FAMILLE CHAUVET

Nous avons vu que l'écuyer Pierre Ravaillac avait épousé Anne Chauvet, sœur de François et de Jean Chauvet, écuyers, sieurs de Fontbelle.

D'après le *Dictionnaire géographique du département de la Charente*, Fontbelle est un hameau de la commune de Châteauneuf-Charente; vers la fin du xviie siècle ce petit fief appartenait à François Pinault, marié à Marguerite Piet : leur fille Marie, épousa M. Valleteau, sieur des Masures.

Nous ne savons si les Chauvet de Fontbelle se rattachent aux Chauvet, seigneurs de Sannat en Limousin, ou bien aux Chauvet de Saintonge et d'Aunis, dont l'Armorial de 1700 donne les armes comme suit :

Chauvet, avocat à La Rochelle : *de gueules à la fasce d'argent chargée d'une chauve-souris de sable;*

Pierre Chauvet, conseiller au présidial de Saintes : *d'argent à la fasce d'azur accompagnée de trois chauves-souris de sable;*

François Chauvet, marchand à Rochefort-sur-Mer : *d'argent à trois chauves-souris de sable mal ordonnées.*

Mais les Chauvet de Fontbelle peuvent revendiquer sans doute :

Jehan Chauvet qui, en 1318, rendait hommage à l'évêque d'Angoulême pour le Maine de Puydonaut et le Mas de Pierre-Seguin situés en la paroisse de Dirac;

Messire Chauvet, chanoine de la cathédrale d'Angoulême en 1568;

Marie Chauvet, qui, par contrat du 14 juin 1655, épousa François Robin, écuyer, seigneur des Ardilliers, fils de cette Jeanne Lecomte dont nous avons parlé au paragraphe précédent, à propos de Marguerite Lecomte, première femme du procureur François Ravaillac;

Isabeau Chauvet, mariée le 10 février 1647 à Salomon Chapiteau, écuyer, seigneur de Reymondias, etc.

C'est peut-être la même qui, étant veuve, et sous le prénom d'Élisabeth, épousait, le 24 septembre 1674, Jean du Lau, écuyer, seigneur du Buis, en la paroisse de Feuillade; ce mariage eut lieu en l'église de Mainzac, canton de Montbron, et non en celle de Minzac, canton de Villefranche de Lonchapt (Dordogne), comme il est dit dans le *Nobiliaire du Limousin*, tome III, page 58.

Jean Chauvet de Fontbelle, frère de Mme Ravaillac, demeurait à Angoulême sur la paroisse de Notre-Dame de la Peyne; ses trois filles, Jacquette, Antoinette et Jeanne, furent baptisées en cette église les 18 avril 1607, 11 décembre 1608, 17 janvier 1610.

Lui-même avait été parrain à Angoulême, paroisse Saint-Martial, en 1600, de Jehan Simonnot.

Sur cette paroisse Saint-Martial, à partir de 1690 jusqu'en 1788, nous avons constaté cinquante-huit baptêmes concernant diverses familles Chauvet, dont nous ignorons les points d'attache avec les Chauvet de Fontbelle.

§ 3.

FAMILLE REDON

François Redon, cohéritier de Mme Ravaillac dans la succession du chanoine Dubreuil, frère de celle-ci, avait commencé la fortune éclatante de sa famille; fils et petit-fils de notaires, receveur du taillon à Angoulême, nous le voyons ensuite prendre le titre d'écuyer, seigneur de Neuillac, de Pranzac, d'Hurtebize et de Boisbedeuil; maire d'Angoulême en 1578, il fut échevin jusqu'en 1606; il est à croire que sa proche parenté avec l'illustre famille des Nesmond contribua beaucoup à cette brillante fortune : sa femme se nommait Guillemine Jargillon, sœur de Marie Jargillon, mariée à François de Nesmond, lieutenant général à Angoulême, et frère cadet d'un autre François de Nesmond, président au parlement de Bordeaux.

François Redon laissa un fils et trois filles :

Anne, mariée à Samuel de la Nauve, seigneur de Gondeville près de Jarnac-Charente, conseiller au parlement de Paris;

Marie, épouse de Hélie de Martineau, seigneur de la Touche-d'Anais, conseiller du roi, lieutenant en l'élection d'Angoulême;

Et Catherine, mariée à Raymond de Forgues, baron de la Roche-Andry et des Pins.

Le frère de celles-ci, Jean de Redon, chevalier, seigneur de Pranzac, eut pour fils Alexandre de Redon, qui prenait le titre de marquis de Pranzac, et même de prince du sang, se prétendant issu de la maison royale de France; il fallut un arrêt du parlement de Paris, en 1670, pour mettre fin à de pareilles prétentions; peu de temps après, en 1682, la fille unique d'Alexandre [1] n'en épousa pas moins François des Cars, comte des Cars, seigneur de Saint-Bonnet, Saint-Ybard, la Roche-l'Abeille et la Renaudie, trisaïeul d'Amédée-François Régis, qui a été créé duc des Cars en 1825.

Alexandre de Redon se prétendait sans doute, plus ou moins véri-

---

1. Dans la généologie de la maison des Cars, elle porte les noms et qualifications de Marie de Redon de Salm, marquise d'Esne et de Pranzac en Angoumois, comtesse de Consbarat, baronne de Manouville, fille d'Alexandre, seigneur desdits lieux, et de Claude-Françoise-Angélique de Pouilly.

diquement, issu de la branche royale de Dreux; il prend ces noms : de Redon de Dreux, marquis de Pranzac et de Montfort, dans son contrat de mariage, en 1654, avec Claude-Françoise-Angélique de Pouilly, veuve en premières noces de Henri du Chatelet, marquis du Chatelet et de Trichateau; celle-ci avait pour sœur aînée Gabrielle-Angélique de Pouilly, comtesse de Louppy, mariée en premières noces, le 23 septembre 1625, à Bernard de Coligny, petit-fils de l'amiral de Coligny, et neveu de Louise de Coligny, femme de Guillaume de Nassau, prince d'Orange; et en secondes noces, le 7 juillet 1630, à Claude Roger de Comminges, marquis de Vervins. Alexandre de Redon avait donc contracté une illustre alliance.

§ 4

FAMILLE GIRARD

La famille Girard, comme les Guez de Balzac, les Crugy de Marcillac, et autres, était venue en Angoumois à la suite du duc d'Épernon, auquel elle resta extrêmement dévouée.

Originaire de Bordeaux, elle avait produit à la précédente génération Bernard de Girard, seigneur du Haillan, d'abord secrétaire du roi Henri III, puis premier historiographe de France, généalogiste de l'ordre du Saint-Esprit; né à Bordeaux en 1535, il décéda à Paris le 23 novembre 1610, conseiller d'État.

Philippe Girard, d'abord procureur du roi à Angoulême, puis secrétaire de Diane de France, duchesse d'Angoulême, duquel nous avons parlé, avait un frère, Pierre Girard, qui, de Valentine de la Borie, eut les trois fils ci-après nommés :

Claude Girard, né à Angoulême, paroisse Saint-Paul en 1599, official d'Angoumois et curé de Saint-André à Angoulême, puis archidiacre d'Angoulême et grand vicaire du diocèse; il mourut le 2 septembre 1663 et eut pour successeur André de Nesmond;

Michel Girard, abbé de Verteuil en Médoc;

L'aîné, Guillaume Girard, est l'historiographe du duc d'Épernon; voici, à titre de curiosité, son acte de baptême, inscrit sur les registres de ladite paroisse Saint-Paul :

« Le dixième jour de mars 1598 a esté baptizé dans l'église parroissialle de Saint-Paul d'Angoulesme, Guillaume Girard, fils de Pierre Girard et de Valentine de la Borye, par moy, curé soussigné. Le parrain a esté M. Guillaume Guez et (la marraine) Mlle la procureuse du roy » (sic); c'était la tante du baptisé, étant femme dudit Philippe Girard, alors procureur du roi à Angoulême.

Ce parrain, Guillaume Guez, était le père de notre grand Balzac; il existait en effet une très grande intimité entre les deux familles Guez et Girard, et c'est le frère de Guillaume, l'archidiacre Claude susnommé, qui fut l'exécuteur testamentaire de notre grand littérateur.

On a cru généralement, mais à tort, que Guillaume Girard était ecclésiastique; marié à Marie de Baritaud, il eut deux filles :

Marie de Girard, baptisée en l'église Saint-Martial d'Angoulême en 1638 (parrain, François de Nesmond, archidiacre d'Angoulême et aumônier ordinaire du roi; marraine, Marie de Patras de Campagno, nièce de Balzac); elle épousa, en l'église du Petit-Saint-Cybard à Angoulême, le 14 janvier 1663, Pierre Aigron, écuyer, seigneur de Combizan de la Font, de Saint-Simon et de Plassac, dont le père, Abraham, avait été maire d'Angoulême en 1642;

Et Anne de Girard, mariée à Pierre des Forges, écuyer, seigneur du Chatelar, paroisse de Dirac; dont, notamment, Catherine, mariée en 1707 à François de la Laurencie, chevalier, seigneur de Chadurie et des Thibaudières.

Armes de la famille Girard : *D'argent à la croix d'azur.*

Devise : *Crux, Spes et Decus!*

§ 5

FAMILLE BELLIARD

La famille Belliard était parente, ou du moins intimement liée, avec la famille Ravaillac; nous avons vu (page 15) que ce fut noble Jehan Belliard, procureur du roi au siège royal de Cognac, qui fut, le 8 janvier 1602, en l'église Saint-Paul d'Angoulême, parrain de Jehan Ravaillac, cousin-germain du régicide.

Le Belliard, dans la maison duquel celui-ci entendit les propos qui furent la cause dominante de son crime, devait être noble Hélie Belliard, qualifié en 1606 *naguère* conseiller du roi et son lieutenant au siège de Cognac, dont la commisération s'était émue depuis quelques années pour Françoise Dubreuil et ses fils; il les assistait de ses aumônes ou les aidait tout au moins de ses conseils; aussi, par acte du 14 décembre 1606, Françoise Dubreuil lui faisait-elle donation de tous les droits qui pouvaient lui revenir en la paroisse de Mérignac du chef des chanoines ses frères.

De cette famille était Michel de Belliard, écuyer, seigneur de Tournebourg, près de Cognac, marié à Marie de la Brugière, veuve elle-même en premières noces de Louis Ancelin, seigneur de Gardépée. — Michel de Belliard fut parrain de nombreux enfants à Cognac et aux environs de cette ville, notamment en l'église de Merpins, 1623, de Michel Robin, dont le père, Me André Robin, notaire royal, était cousin des divers Robin dont il est question au cours du présent travail.

Nous trouvons aussi damoiselle Marie Belliard, marraine en l'église Saint-Martial d'Angoulême, 1603, de François Rousseau, fils d'Hélie Rousseau, sergent royal, cousin des Ravaillac;

Et encore noble Jean Belliard, écuyer, seigneur de Villevert, en ladite paroisse de Merpins qui, fils et héritier de noble homme Belliard, conseiller au présidial d'Angoumois, habitait en 1618 à Angoulême, paroisse Saint-Antonin.

M. Audiat, dans sa Vie de Nicolas Pasquier, publiée dans le *Bulletin* 1873-1874 *de la Société archéologique et historique de la Charente*, dit quelques mots d'Hélie Belliard susnommé : il avait eu avec le père de Nicolas Pasquier un grand procès qui dura plus de quatre ans; il n'était pas non plus des amis de Philippe de Voluire, qui écrivait, de Ruffec, à la date du 12 septembre 1582, à Charles de Brémond, baron d'Ars : « Belliard a esté débouté de son opposition, qui sont de très mauvaises nouvelles pour luy. Son grand ami, le sieur de Fors (Charles Poussard) s'est laissé mourir. »

§ 6

FAMILLE ROBIN

De même que les Robin, marquis de Barbentane et de Beauregard, en Provence, et les Robin, vicomtes de Coulognes, marquis de la Temblaye et de Mortagne, en Touraine, les Robin d'Angoumois ont conservé la tradition de leur origine anglaise.

Une de leurs branches, connue sous le nom des seigneurs de Plassac et des Ardilliers, éteinte à la fin du siècle dernier, était arrivée à la noblesse et portait pour armes : *de sable à deux tours d'argent maçonnées de sable* ; elle avait pour auteur Jean Robin, maître apothicaire, sieur de la Chapelle, demeurant à Angoulême, rue des Trois-Notre-Dame ; reçu conseiller à la maison de ville d'Angoulême le 24 mai 1574, il décéda le 2 janvier 1577 ;

De Martiale de La Touche, il eut ce Guillaume Robin, écuyer, seigneur de Plassac et des Ardilliers, avocat en la cour du présidial d'Angoumois, que nous avons cité plus haut comme ayant épousé Jeanne Le Comte, fille de Jehan Le Comte, écuyer, maréchal des logis du duc d'Alençon, et cousine de l'aïeule paternelle de Ravaillac ;

Leur fils, François Robin, écuyer, seigneur des Ardilliers, a déjà pareillement été cité par nous comme ayant épousé, suivant contrat du 14 juin 1685, Marie Chauvet, petite-nièce d'Anne Chauvet de Fontbelle, épouse de l'écuyer Pierre Ravaillac.

Hector Robin, marchand et bourgeois, habitait à Angoulême dans la même rue des Trois-Notre-Dame, à côté de l'apothicaire, dont il était probablement le frère ; il fut échevin de ladite ville d'Angoulême et possédait notamment le domaine de Beaumont, voisin des propriétés de celui-ci ;

De Marie Ramtaud, il eut notamment :

Étienne Robin, marchand à Angoulême, marié à Françoise Terrasson, fille ou nièce du maire d'Angoulême, de la famille des seigneurs de Verneuil, de la Pétillerie et de Montleau ; c'est un de leurs fils, Jean, qui épousa, en 1604, Jehanne Mesnard, cousine-germaine du régicide ; un autre de leurs fils, Ézéchias, continua la descendance, qui s'est alliée notamment aux familles de Villoutrey, Houlier et de la Quintinie, et a produit Abraham François Robin, premier échevin du corps de ville d'Angoulême, grand juge de la juridiction consulaire en 1760, et Léonard Robin, membre du tribunat; cette descendance vient de s'éteindre récemment avec la veuve de M. du Colohoé, colonel d'artillerie, directeur de la fonderie de Ruelle;

Et Pierre Robin, notaire royal à Angoulême, marié (par contrat devant Mousnier, notaire en la même ville, en date du 6 décembre 1581), à Anne Laisné, fille de noble homme Philippe Laisné, avocat au siège de Cognac, de la famille des seigneurs de la Barde, de la Couronne, des Deffens, etc.; par son fils André, notaire royal au Prunelas, près Cognac, Pierre est l'auteur de la famille Robin de Cognac, qui a produit : sous la Restauration un procureur du Roi à Cognac (Ambroise-André Robin), et, récemment, un maire de la ville de Cognac (Victor-Alexandre Robin).

§ 7

Extrait de la lettre de Nicolas Pasquier à Monsieur d'Ambleville, conseiller du Roy, en ses conseils d'Estat et privé, capitaine de cinquante hommes d'armes et lieutenant général pour le Roy ès pays d'Angoulmois, Saintonge, Aunis, ville et gouvernement de La Rochelle[1].

... Tout ainsi que nous ne voyons jamais de feu sans fumée, ny de corps sans ombre; ainsi point de mort de grand prince, qu'elle ne nous soit prédicte un long-temps avant qu'elle arrive; ou par la voix du peuple ou par inspirations divines, que Dieu descouvre à quelques siens serviteurs, ou par les astrologues...

En l'an 1608 la Font, prévost de Bayonne, vint trouver le Roy auquel il dit sans rien flatter qu'il ne fust si prodigue de sa vie, autrement qu'il seroist tué, ainsi que son esprit luy avoit desclaré. Et deux ou trois jours avant qu'il fut occis, il donna avis au Chancelier que son esprit l'avoit asseuré, que celuy qui vouloit tuer le Roy, estoit dans Paris, qu'il l'en advertist pour s'en donner de garde...

Il est aussi vray, que quelques mois avant la mort du Roy, on trouva soubs la nappe de l'autel de la grande église de Montargis, après la messe dicte, une lettre qui portoit en substance, qu'il y avoit une entreprise sur sa vie (la vie du Roi) par un de la ville d'Angoulesme. Cette lettre fut envoyée par les officiers au Chancelier, qui luy ayant communiquée, il n'en fit que rire...

Ferrier, médecin de Thoulouze, luy prédit estant Roy de Navarre, qu'il seroit Roy de France, mais qu'il estoit en danger après de mourir d'une mort violente. Quelque temps avant son trespas, il luy escrivait qu'il pensast à sa conservation, d'autant que les astres conspiroient en sa personne...

Je vous diray que six mois avant sa mort il me tomba entre les mains un almanach qui marquoit au quatorziesme de ce mois de may ces mots : *Dies illa, dies iræ, calamitatis et miseriæ*.

Un autre almanach disoit dans le mesme mois de may : *Astra sunt omnino contraria laboribus et voluptatibus tuis;* et plus bas : *in tua constanter funera cæce ruis...*

Il luy avoit esté prédict (comme l'on a appris de luy-mesme)

---

1. Tome II, page 1053.

qu'il seroit tué dans son carrosse. En l'an 1597, s'en allant en carrosse à Mouy en Picardie, les chevaux traisnèrent le carrosse en un précipice qui fut de tout poinct brisé : En l'an 1606, luy et la Royne versèrent avec le carrosse au port de Neuilly, où ils faillirent de se noyer; et la troisième fois il y fut tué...

Encore luy avoit on dit davantage, qu'il se gardast d'un gaucher. Cette prédiction a eu son effect : car entrant dans le carrosse il print la gauche, et donna la droicte au duc d'Espernon; il receut les coups dans le costé gauche; le carrossier prit la gauche, et donna la droicte aux charrettes qui arrestèrent le carrosse du Roy : il fut tué par Ravaillac qui estoit ambidextre. Et pour moy je juge que Ravaillac donna le coup de la main gauche, eu esgard où estoit le carrosse; car si c'eust esté de la droicte, il falloit donner de revers...

Les advis du Ciel venoient de toutes parts à ce prince de sa mort prochaine... La Royne mère deux ou trois mois auparavant sa mort estant couchée avec luy, la force imaginative opéra tellement en elle, qu'elle vit en songe ce parricide abominable quy tuoit le Roy de deux coups de cousteau; c'estoit un advertissement de l'advenir. Elle se réveilla en sursault, criant et pleurant...

Il eut tant de prédictions qui devancèrent son malheur qu'il ne pouvoit qu'en estre troublé au-dedans de soy...

Le matin (du crime) comme il fut levé et habillé le duc de Vendosme y arrive, qui luy apporta nouvelles que la Brosse l'avoit prié de luy dire, qu'il ne sortist pas ce jour-là, parce qu'ayant bien espluché les révolutions du Ciel et les aspects des astres avec leurs influences, il avoit appris par la concurrence de certains astres malins, qu'il estoit menacé ce jour, s'il sortoist, d'un guet à pens ou mort violente, et qu'autrement il ne pouvoit vaincre la malignité et conjuration du Ciel. Le Roy lui dit : Vous estes un jeune fol, et la Brosse un vieux fol, qui veut avoir de moy quelque pièce d'argent...

Cette mesme matinée plusieurs billets, furent jettés dans sa chambre (la chambre du Roi), portant qu'il y avoit une entreprise contre sa personne et que s'il sortoit ce jour-là, il courroit fortune d'estre tué. Un mien amy m'a dit, qu'il en vit un qui fut porté au Roy, dont il ne fit pas grand estat.

PREUVES

I [1]

Retrait lignager par Marguerite Lecomte, femme de François Ravaillac, procureur au siège d'Angoumois, d'une maison sise à Angoulême, paroisse Saint-Pierre, vendue par Raymond Lecomte à Pierre Chotard.

Comme dès le quatorziesme jour de novembre, l'an mil cinq cens trante neuf, feu maistre Raymond Leconte l'aisné; en son vivant procureur on siège royal d'Angoulesme, eust vendu à maistre Pierre Chotard, licencié en loyx, advocat audict siège, une maison avec ses appartenances, entrées et yssues, assise en ladicte ville d'Angoulesme, en la parroisse Saint-Père [2], qui est la maison qui faict le coing de la ruhe appellée de la Menuzerie, en laquelle dicte maison y a deux chambres tenant d'une part à la ruhe par laquelle l'on va de la porte du Crucifix vers le grand cymytière de Saint-André, d'autre part à la ruhe par laquelle l'on va de ladicte porte du Crucifix vers la hasle du Pallet, d'autre part à la maison de Morice Blanchet, vitryer, et ses personniers, et fut fete ladicte venson pour le pris et somme de troys cens quatre vingtz livres tournois que ledict Leconte receut en or et monnoye, contant et manuellement, dudict Chotard... comme le tout est présentement aparu par le contrat de ladicte venson... receu et passé par J. Bohier, notaire à Engoulesme, pour le roy, et M. Rousseau, notaire audict Angoulesme pour M. l'auditeur; est-il que aujourduy, septiesme jour de juing mil cinq cens quarante, par devant le notaire soubzscript juré de la court du seel estably aux contractz à Engoulesme pour le roy, nostre sire, ont esté présens et personnellement establys ledict maistre Père Chotard, d'une

---

1. Cette pièce porte le n° 1 de celles publiées par M. de Fleury.
2. Lire Saint-Paul; Saint-Père est une erreur évidente, puisqu'il n'y avait pas à Angoulême de paroisse Saint-Pierre.

part; et Margarite Leconte, filhe de feu maistre Raymond Leconte, et femme de maistre François Ravallac, procureur audict siège, illec aussi présent, qui bien et deuhment l'a auctorisée et auctorise, demeurans les parties en ceste ville d'Angoulesme, d'autre part, laquelle Margarite Leconte, o ladicte auctorité, a faict par ces présentes offre de retraict lignagier de ladicte maison dessus confrontée, audict Chotard, lequel Chotard à ce l'a receue et resoit, suivant l'exploit de Françoys Faure, sergent royal en Angoumois, et de ladicte maison luy en a fet les cessions et transpors, et s'en est dessaisi et départi par ces présentes, et ce moyennant ladicte somme de troys cens quatre vingtz livres tournois pour l'escot principal, et la somme de quatre livres tournois pour les loyaulx coustz déschotage et réparacions qu'il a fetes en ladicte maison, de laquelle somme ladicte Leconte en a présentement, contant et manuellement bailhé et payé audict Chotard la somme de cent livres tournois qu'il a prinse, receue, comptée et emportée en or et monnoye, présens lesdicts notaires et tesmoings, et le reste et fin de payement, qui est de deux cens quatre vingtz quatre livres tournois, ledict Chotard a confessé devoir audict Ravallac, comme est présentement aparu par cédulle signée dudict Chotard, laquelle cédulle luy a estée rendue par ledict Ravallat présentement, et moyennant laquelle et ladicte somme de cent livres tournois receue comme dessus, ledict Chotard du total de ladicte somme de troys cens quatre vingtz quatre livres tournois s'en est contenté et en a quitté et quicte ladicte Leconte et les siens. Et quant est des ventes et honneurs deues à cause de ladicte vendicion au seigneur de Bellejoye, lesdicts Ravallac et sadicte femme ont promis et juré en acquitter et descharger ledict Chotard, et a rendu ledict Chotard à ladicte Leconte le contrat d'acquisition estant en parchemin. Promis et juré lesdictes parties... entretenir ce que dessus... Fet et passé en la ville d'Angoulesme, présens maistre Martin Macé, appoticaire, et Mangot Bouhard, marchant, demeurans en ceste ville d'Angoulesme, tesmoings à ce appellez et requis, ledict septiesme jour de juing l'an susdict mil cinq cens quarante.

P. Trigeau (avec paraphe).

(Archives de la Charente, minutes de P. Trigeau, notaire à Angoulême.)

II [1]

Partage entre Michel et Jean Ravaillac, frères, des biens à eux déchus la succession de Marguerite Lecomte, leur mère, et de ceux à eux délaissés par François Ravaillac, procureur au Présidial d'Angoulême, leur père.

Sur le différant meu pour raison du partage des biens commungs entre Michel Ravaillac, d'une part, et Jehan Ravaillac, son frère, a eulx délaissés par partaige faict et accordé avec maître François Ravaillac, procureur au siège présidial d'Angoulesme, leur père, pour raison des biens appartenants ausdicts Michel et Jehan Ravaillácz, à eulx obvenuz et escheuz par le décès de feuhe Marguerite Leconte, leur mère, que autres biens et droictz par ledict Michel acquis ès droictz appartenantz à Jacquette et Catherine Ravaillacz, leurs seurs, par le décès de feu Pierre Ravaillac, frère commun, quand vivoit, des parties onquel lesdictes parties, pour esviter à procès et nourrir paix et amytié fraternelle entre eulx, par l'advis de leurs parantz et amys, ont faict et accordé le partaige et division desdictz biens à eulx obvenuz en lot de partaige faict entre leur dict père et eulx, en la forme que sensuyt. Est-il que, aujourd'huy soubzcript, par devant le notaire royal en Angoulmois et présents les tesmoingtz cy de bas nommés, ont esté présents et personnellement establys en droict ledict Michel Ravaillac, d'une part, et ledict Jehan Ravaillac, son frère, d'autre, auquel dict Michel est et demeure, sera et demeurra à perpétuyté, pour luy et les siens et ses ayantz cause, c'est assavoir une maison en append, avec ses appartenances, haraulx, courtillaiges, aysines, entrées et yssues, sise et située au borg de Maignac sur Touvre, au lieu appellé le Ruvat, tenant d'une part à la maison ou appand des hoirs feu (un blanc), d'autre et par le derrière à la grange et sou (*sic*) de Pierre Gaultier et ses consortz, et d'ung bout au chemyn qu'on va de Maignac à la garenne du sieur de Maulmont, sur main dextre. Plus ung lopin de jardrin tenant d'une part au jardin des hoirs feu Anthoine et

---

1. Cette pièce porte le n° V de celles publiées par M. de Fleury.

René Frelantz, d'autre au jardrin de Laurans Peuple, le mur entre deux, et d'autre au chemin sus confronté, à main senestre... Plus ung lopin de terre labourable au lieu appellé soubz Le Grand Peu, tenu à l'agrier du sieur Evesque d'Angoulesme, tenant des deux coustés ès terres des hoirs feu Pierre Gallouhaud dict Pivat, d'autre et par le debas au chemin qu'on va d'Angoulesme à la Vallade, sur main dextre. Plus une pièce de vigne assize au plantier de Chaumontet, appellée La Vieille Vigne, tenant d'une part (une ligne et demie en blanc). Plus ung chenebault assiz en la rivière d'Anguienne, contenant une boisselée ou environ, tenant d'une part au chenebault de (une ligne et demie en blanc). Plus une pièce de vigne size près ledict bourg de Maignac, appellée La Plante, contenant ung journal et demy ou environ, tenant d'une part à la vigne de Guillaume Limousin, d'autre à la terre des hoirs feu... Limousin dit Licencié, et par le debas à la terre des hoirs feu Jehan Boucheron et au chemyn qu'on va de Maignac à la font du Jay, sur main dextre, pour en joyr par ledict Michel Ravaillac tout ainsy et en mesme forme et manière que ledict maistre Francoys Ravaillac, leur père, a cy devant acoustumé en joyr. Et audict Jehan Ravaillac est et demeure par ledict partaige, et o les charges et conditions cy après et non autrement, scavoir est la grande maison avec ses appartenances et dépendances de jardrins, size et située au borg (sic) de Maignac sur Toulvre, avec leurs aisines, entrées et yssues, tout ainsy que cy devant maistre Françoys Ravaillac avoit accoustumé joyr, y compris ung lopin de jardrin cy devant acquis par ledict Michel de feu Micheau Boucheron, atenant des autres jardrins et de ladicte maison, avec les autres doumaines et héritages commung entre lesdictes parties, soient terres labourables et non labourables, pretz, bois, vignes et autres héritaiges quelxconques, sans riens en réserver ni excepter, fors les choses cy dessus délaissées audict Michel, le tout, siz et situé en ladicte paroisse de Maignac, avec toutes et chescunes leurs appartenances et dépendances et tout ainsy que ledict maistre François Ravaillac a acoustumé cy devant joyr. Plus un lopin de terre en jardrin siz soubz les murs Sainct Pierre de ceste ville d'Angoulesme, ainsi qu'il a esté marqué et borné, tenant à la terre ou jardin de maistre François Ravaillac, d'autre et par le dessus, ès douhes de ladicte ville, et par le debas au chemyn qu'on va de la porte de Sainct-Pierre à la fontaine dudict lieu, sur main senestre. Plus est et demeure audict Jehan la maison entienement obvenue ausdicts Michel et Jehan par le partaige faict entre ledict maistre François Ravaillac, leur père, et eulx, ainsy que dict est cy dessus, size et située en la paroisse de Sainct Paul de ceste dicte ville, et tout ainsy qu'il a esté partaigé et divisé par les arbitres acordés par les parties, moyennant et non autrement que ledict Jehan sera tenu, comme il a promis, bailler et payer audict Michel, tant pour son droict et moictié de ladicte maison que pour le droict par ledict Michel acquis de Jacquette et Catherine Ravaillac, et oultre pour le jardrin par luy acquis de feu Micheau Boucheron, la somme de trois cens deux livres ledict Jean Ravaillac a promis et sera tenu bailler et payer audict Michel, premier que ledict Jehan aict ou puisse apréhender aulcune possession en la maison à luy cy dessus délaissée, qui sera dans ung an prochain venant, dans lequel temps ledict Jehan sera tenu bailler et fournyr audict Michel, pour sadicte moictié et autres droictz, ladicte somme de trois cens deux livres tournois, et à faulte de ce faire, a esté acordé entre les parties que ladicte maison à eulx obvenue par ledict partaige sera vendue et délivrée à celle qui s'en trouvera le dernier enchérisseur, soubz deux criées faictes, l'une à l'yssve de messe parrochiale de Sainct Paul, l'autre à la pierre de la halle, dans quinze jours après ledict an passé, par devant monsieur le sénéchal d'Angoulmois ou monsieur son lieutenant, les parties appellées, sans autre forme de procès. Et sur le pris de la vanduhe d'icelle aura et prandra ledict Michel la somme de quatre vingtz dix livres pour le droict qui luy apartient pour l'avoir acquis de Jacquette et Catherine Ravaillacz, et la somme de sept livres pour le jardin par luy acquis de feu Micheau Boucheron, sis audict lieu de Maignac et par luy délaissé audict Jehan. Et le surplus des deniers à quoy se montera la vanthe de ladicte maison sera partaigé par moictié entre lesdicts Michel et Jehan Ravaillacz, dont ledict Michel aura une moictié, et ledict Jehan l'autre moitié. Aussy a promis et sera tenu ledict Jean Ravaillac acquicter et descharger ledict Michel de la moictié d'une quarte partie apartenant audict maistre Françoys par sondict partaige, tant de ladicte maison que des autres biens délaissés audict Jehan. Et oultre tout ce que dict est, sera ledict Jehan tenu acquicter ledict Michel envers ledict maistre Françoys, leur père, de la somme de vingt six livres tournois à luy duhes pour la plus valleur, choix et option de lotz de ladicte maison, convenue ès dites parties, et icelle employer à faire moyenne de maison entre ledict maistre Françoys, leur père, et, eulx, et la plus grande somme, s'y besoing en est, sans que ledict Michel soit tenu de fournir aulcune chose d'icelle dicte moyenne, sauf toutesfois le cas advenant que, à deffaut dudict payement non fait par ledict Jehan audict Michel, ledict an escheu, que ladicte maison seroict vandue, en ce cas sera ledict Michel tenu remborcer ledict Jehan, sondict frère, de la moictié de la somme qu'il aura employée et fournye à frayson, et frayer audict moyen, déduict toutesfois audict Michel la location de la moictié d'icelle maison pour le temps que ledict Jehan Ravaillac l'aura tenue. Toutes lesquelles choses les parties ont stipullées et acceptées, etc... Fait ès présences de Jehan Chambault, Mousnier du Pont de Toulvre, et Gervais Aubin, laboureur, le XVIIe de novembre l'an mil cinq cens soizante quatorze, et ont dict lesdicts tesmoings ne scavoir signer.

Signé : J. RAVAILLAC, pour avoir accordé ce que dessus; M. RAVAILLAC, pour avoir accordé ce que dessus; MOUSNIER, notaire royal.

(Archives de la Charente, minutes de Mousnier, notaire à Angoulême.)

III

Bail à loyer par Jean Ravaillac, marchand, d'une boutique sise au-dessous de la maison qu'il habite, paroisse Saint-Paul, à Angoulême.

Le vingt troiziesme jour de mars mil cinq centz quatre vingtz trèze, avant midy, personnellement estably en droict Jehan Ravaillac, marchant, d'une part, et Estienne Pastoureau dict Nonstrond, maistre cordonnier, d'autre part, lesquelles parties demeurent en ceste ville d'Angoulesme ; lequel dict Ravaillac a louhé et affermé par ces présentes, audict Pectoureau (*sic*), est à savoir une bouticque qui est au dessoubz sadicte maison et au devant d'icelle, assiz et situé en la présente ville, en la paroisse de Sainct-Pol, tenant des deulx costez aux ruhes publicques par lesquelles l'on va de la porte Sainct-Martial à la hasle du Pallet et aux Jacobins de ladicte ville, à main dextre et main senestre, la location faicte pour le temps et expace de trois années prochaines et consécutives l'une à l'aultre, sans interval de temps, lesquelles commanceront au premier jour d'apvrilh prochain venant et finiront à semblable jour d'icelles finies et passées, pour le prix et somme de quatre escutz pour chescunes d'icelles, que le preneur a promis paier et dont il a paié par advance quatre escutz pour ladicte première année, et les aultres deulx années sera tenu les paier d'années à années et à l'advance. Et moienant ce, ledict Ravaillac a promis guarantir ladicte bouctique et d'icelle le souffrir jouir durant ledict temps, pendant lequel il jouira d'icelle en bon mesnagier et père de famille. Et à l'entretenement desdictes choses que les parties ont stipullé et accepté, obligé et hypotéqué l'ung à l'autre tous leurs biens présentz et fucteurs, ensemble leurs personnes, etc... Faict à Angoulesme, en la maison dudict Ravaillac, présentz Martin Perry, maistre taneur de la ville de Nontron, et Arnaud Dumas, clerc d'Angoulesme. Et ont lesdictz Pectoureau et Péry dict ne scavoir signer.

Signé : Dumas, Ravaillac et Lacaton, notaire.

(Archives de la Charente, minutes de Lacaton, notaire à Angoulême.)

1. Cette pièce porte le n° XIII de celles publiées par M. de Fleury.

IV

Contrat de mariage entre Jean Robin marchant, et Jeanne Mesnard, veuve de Jean Rochier, fille de feu Nicolas Mesnard et de Catherine Ravaillac.

Sachent tous que pardevant le notaire royal tabellion et gardenote héréditaire en Angoumois et tesmoings cy bas nommez, ont esté présens et personnellement establys en droict comme en vray jugement, sire Jehan Robin, marchant, filz naturel et légitime de deffunct sire Estienne Robin et de Françoyze Terrasson, d'une part; et Jehanne Mesnard, veuve de feu Jehan Rochier, et filhe naturelle et légitime de deffunct Nicollas Mesnard, vivant archier de monsieur le vice-sénéchal d'Angoulesme, et de Catherine Ravaillac, demeurans les parties en ceste dicte ville d'Angoulesme, d'autre part, lesquelz Jehan Robin et Jehanne Mesnard, de leurs libéralles voluntez et pour ce qu'ainsy leur a pleu et plaist, de l'advys, conseilh et consantement, scavoyr ledict Robin de ladicte Terrasson, sa mère et o son aucthorité, et aussy de l'advys de maistre Pierre Robin, notaire royal, son oncle paternel, [de] maistre Pierre Delalande et de maistre Françoys Delasalmonye, pour ce présans et personnellement establys, qui ont certiffyé ledict Jehan estre majeur de vingt huict ans ou environ, et ladicte Catherine Ravaillac, sa mère, de vénérable personne Frère Jehan Mesnard, religieux de l'abbeye Sainct-Cybard et prieur de Bourg-Charante, et Pierre Mesnard, praticien, ses frères germains, et Pierre Ravaillac, son oncle, et de plusieurs autres leurs parens et amys, tous pour ce présans, convocqués et assemblés, ce sont promis de ce prandre à femme et mary espoux touteffoys et quantes. . . . .
. . . .

Faict et passé en la ville d'Angoulesme, en la maison de ladict (*sic*) Ravaillac, après midy, le vingt cinquiesme jour de juing mil six cens quatre, présents maistre Louys Renoux, praticien, demeurant en ladicte ville, et Pierre Brunot, clerc dudict Angou-

---

1. Cette pièce porte le n° XXI de celles publiées par M. de Fleury.

lesme, tesmoings requis, et ont tous les susdicts signez... maistre Francoys Pichot pour ce présant, fors lesdictes Ravaillac et Mesnard.

(Suivent les signatures.)

(Archives de la Charente, minutes de Gibaud, notaire à Angoulême.)

V [1]

Transaction sur plusieurs instances, entre Jean Grazilier et Catherine Ravaillac, sa femme, et dame Jeanne Cousseau, leur sœur et belle-sœur, d'une part; Jean Ravaillac, marchand, et Françoise Dubreuil, sa femme, d'autre part.

Comme cy devent procès et différans feussent meuz en plusieurs instances entre Jehan Grazillier, comme mary et poursuivant les droictz et actions de Catherine Ravaillac, sa femme, et comme cessionnaire de Pierre Ravaillac, son beau-frère, lesdictz Ravaillacs héritiers de deffunct maistre Michel Ravaillac, leur frère, et dame Jehanne Cousseau, veufve de maistre François Ravaillac, contre Jehan Ravaillac, marchant de cette ville d'Angoulesme, deffendeur, et autres instances où ledict Jehan Ravaillac estoit demandeur contre ledict Grazillier esdicts noms estoit demandeur contre ledict Jehan Ravaillac pour le payement de la somme de cent escus deulx tiers deuhe audict feu maistre Michel Ravaillac par ledict Jehan, par contraict du dix septiesme novembre mil cinq centz soixante quatorze receu par Mousnier, notaire royal, provenant de la licitation de certaine maison sise en la parroisse Sainct-Paul, de laquelle somme et des intérêts d'icelle ledict feu maistre Michel avoit obtenu sentence de messieurs les juges présidiaux d'Angoulesme, et arrest confirmatif aulx grands-jours à Poictiers, et donnée ladicte sentence le vingt cinquiesme juilhet, et ledict arrest le troisiesme novembre mil cinq centz soixante et dix neuf; et despuis, advenu le décesps dudict maistre Michel, les biens dudict Jehan Ravaillac ayant esté mis en criées, à la requeste de maistre Pierre Bernard dict le Moniault, Jehanne Cousseau, mère et tutrice desdicts Pierre et Catherine Ravaillacs, donataires desdictes sommes dudict feu maistre Michel Ravaillac, s'y estant opposée par la sentence de décret intervenue ausdictes criées, ladicte somme et interestz lui auroyent esté adjugés, et lesdictz Pierre et Catherine Ravaillacs estant parvenus en aage de majoritté, ledict Grazillier ayant les droictz dudict Pierre,

---

1. Cette pièce porte le n° XXIII de celles publiées par M. de Fleury.

auroit tellement poursuivy ledict Jehan Ravaillac en exécution desdictz jugemens, que, liquidation faicte desdictz intérestz par le rapporteur du procès, à la somme de quatre centz cinquante et troys livres, ce seroit ledict Jehan Ravaillac trouvé débiteur de la somme de sept centz cinquante et cinq livres, pour le payement de laquelle ledict Grazillier auroit enchéry, par vertu de ladicte sentence de décret, la moitié d'une maison appartenant audict Jehan Ravaillac, pour la somme de quatre centz cinquante livres, le vingt septiesme juillet mil six centz un, quy luy fut dellivrée pour ladicte somme, outre et pardessus les frais des criées, laquelle somme déduitte, restoit audict Grazillier ès dictz noms à payer par ledict Jehan Ravaillac, la somme de trois centz cinq livres, pour le payement de laquelle il avoit obtenu contraincte par corps contre ledict Ravaillac, et sur le point de la faire exécutter ; à quoy ledict Jehan Ravaillac opposoit que quoy qu'il fut débiteur audict feu maistre Michel de ladicte somme de trois centz deulx livres, néantmoings ledict feu maistre Michel n'ayant aulcuns biens antiens et patrimoniaulx, et son hérédité consistant entièrement en ladicte somme et quelques autres meubles desquels ladicte Jehanne Cousseau, mère desdictz Pierre et Catherine Ravaillacs, s'estoit emparée, il n'avoit peu, en droict, faire don ausdictz Pierre et Catherine Ravaillacs de ladicte somme entière, et frustrer ledict Jehan Ravaillac entièrement de ses biens, contre le désir de la coustume, et partant falloit venir à réduction, joint que sur la somme de trois centz deulx livres ledictz Jehan Ravaillac auroit payé la somme de vingt cinq escus quoy que soit, ayant ces biens estés saisis à deffault de payement de ladicte somme de trois centz deulx livres, les fruictz furent dellivrés pour ladicte somme de vingt cinq escus, quy debvoyent estre defalqués sur ladicte somme de trois centz deux livres. Et au contraire estoit maintenu par ledict Grazillier ès dictz noms, que ledict feu maistre Michel avoit des doumaines patrimoniaulx desquelz ledict Jehan s'estoit emparé, et qu'il n'estoit plus question d'entrer en ces recherches, attendu lesdictz jugemens intervenus et nonobstant les appellations qu'avoit interjettées ledict Jehan Ravaillac, en la cour de Parlement, à Paris, l'instance desquelles est demeurée pérye, à deffault d'avoir concluḋ, ce que ledict Ravaillac a soustenu au contraire, et mesme qu'il avoit fourny de griefs en icelluy procès et sur lesquelz il avoit obtenu inhibitions particullières ausdictz juges présidiaulx de passer outre ; considéré que qaund les exceptions dudict Ravaillac seroyent véritables, comme non, les prétentions estoient de fort peu moindres, d'autant que la tierce partie leur demeurant par vertu dudict testament, ils avoyent la plus grande portion sur les autres deulx tierces parties. En l'autre instance ledict Grazillier ès dictz noms estoit demandeur contre ledict Jehan Ravaillac pour l'adveu d'une promesse par luy signée, du sésiesme octobre soixante et unze, par laquelle ledict Jehan Ravaillac avoit receu dudict maistre François Ravaillac, son père, une obligation de la somme de neuf vingtz quinze livres contre maistre François et Jean Bouchemousses, qu'il promettoit faire payer et en tenir compte ausdictz maistres François et Michel Ravaillacs, ensemble de les remboucer des debtes pacives pour sa portion de la communaulté par eulx payée, à l'accomplissement de laquelle promesse ledict Grazillier ès dictz noms auroit subordement (?) conclud contre ledict Jehan Ravaillac pour la portion afférante ausditz Pierre et Catherine Ravaillacs, comme héritiers desdicts feuz maistre François et Michel ; sur lesquelles conclusions ledict Jehan Grazillier auroit coutumassé ledict Jehan Ravaillac et forclos de contreditz, tellement que l'instance estoit en estat d'estre jugée. A quoy ledict Jehan Ravaillac disoit que de ladicte promesse ne se pouvoit rien tirer d'obligatoire contre luy attendu la prescription de trente ans, et dailheurs que ledict maistre François Ravaillac avoit heu par devers luy beaucoup d'autres obligations où il avait sa portion, dont il a coppie de l'inventaire qui en fut faict lhors, quy est de plus grand valleur que ladicte somme, mesme disoit ledict Jehan Ravaillac qu'il estoit prest de justiffier que lesdictz Grazillier, en calitté de cessionnaire, et Catherine Ravaillac sont donatères, avoyent receu de maistre Xristofle Masse et plusieurs autres, diverces sommes de deniers à luy apartenant comme filz et héritier de feuhe Margueritte Lecomte, femme dudict feu maistre François, privativement ausdictz Grazillier, Pierre et Catherine Ravaillacs, pour une moitié d'icelles seullement. Au contraire disoit ledict Grazillier que, recours (?) aulx conclusions par luy prinses, il estoit venu dans les trente ans et quand cella lesseroit le temps de la minoritté, qu'il avoit connu contre lesdictz Pierre et Catherine ne debvoir estre compté, au surplus des exceptions dudict Jehan Ravaillac n'estant considérables, d'aultant qu'il n'en faisoit apparoyr. Et pour le regard de ladicte Jehanne Cousseau, elle poursuivoit ledict Jehan Ravaillac en exécution de sentence, pour la restitution de la quarte partie de vingt livres, d'une part, et encore de la quarte partie de cent livres, d'autre, et de la quarte partie d'un lit de plume garny de son travercier, rideaulx, couvertes et quatre linceulz, à la plus commune valleur qu'ilz auroyent valleu en l'année soixante et dix, auquel temps elle avoit porté lesdictes sommes et meubles audict feu maistre François Ravaillac, son mary. A quoy ledict Jean Ravaillac par exceptions disoit qu'il ne pouvoit estre tenu desdictes choses, et qu'elle ce debvoit pourvoyr contre lesdictz Pierre et Catherine Ravaillacs, en qualité de donataires dudict feu maistre Francoys Ravaillac, leur père.

Oultre lesdictes instances, ledict Grazillier, audict nom, prétendoit que ledict Jehan Ravaillac avait jouy, par plusieurs années, de la quarte partie d'une maison entienne des parties, tenant à la maison des hoirs feu Maurice Blanchet, ladicte maison faisant le coin, laquelle quarte partie luy apartenoit ès dictz noms, et partant prétendoit faire action, pour les loyers d'icelle quarte partie, contre lesdictz Ravaillac et Dubreuilh, sa femme, ce que ladicte Dubreuilh disoit ne ce pouvoir faire avec juste cause contre elle, et n'en estre tenue en aulcune fasson. A quoy lesdictz Grazillier, Cousseau et Ravaillac auroyent respondu n'avoir jamais heu congnoissance du dire et allégations dudict Ravaillac, et qu'ils ne scavent dudict Masse et autres ce que c'est. De la part dudict Jehan il poursuivoit ladicte Jehanne Cousseau en nom qualiffié de mère et tutrisse desdictz Pierre et Catherine Ravaillacs, ses enfants, pour le désistement de la portion qui luy apartenoit en l'héréditté maternelle de défuncte Jacquette Ravaillac, sa sœur, prétandant ladicte Cousseau audict nom s'en estre emparée. A quoy elle auroit deffendu et remonstré que ladicte Jacquette Ravaillac, par son testament, avoit sur ladicte héréditté faict donnation ausditctz maistre Michel et Catherine Ravaillacs, scavoir, audict Michel, de la somme de deulx centz livres par préciput, et à ladite Catherine la jeune, la moytié d'aultant que ledict maistre Michel pouvoit, comme son hérittier, amander au surplus de ladicte succession. Et partant disoit ladicte Cousseau que tant s'en fallut qu'elle deut se désister d'aulcune chose, qu'au contraire elle ne jouissoit de sy grandz portions quy apartenoient à sesditz enfans, considéré et heu esgard aulx debtes de ladicte feuhe Jacquette, quy avoyent été acquittées par elle, où ledict Jehan n'avoit rien frayé, et au contraire s'estoit emparé et jouissoit d'un jardin scitué en cette ville, quy estoit beaucoup plus que ce quy luy pouvoit apartenir.

Aultre instance avoit esté intantée par ledict Jehan Ravaillac contre ladicte Cousseau, pour raison de ce que ledict Jehan Ravaillac, comme hérittier de Xristofle Pichot, prétendoit une séziesme partie et loyers de cette séziesme partie, en une maison apartenant à ladicte Cousseau, scituée en la paroisse Sainct-Paul, au devant la maison de maistre François Dufoussé, procureur au siège présidial d'Angoulesme, pour le désistement de laquelle portion ledict Ravaillac avait obtenu sentence, ensemble pour les loyers d'icelle séziesme partie, et pour les despens qu'il auroit convenu faire audict Jehan Ravaillac, en ladicte instance, contre ladicte Cousseau, Grazillier et Ravaillac seullement. A quoy ladicte Cousseau avoit appellé à gariment Jehan et Paulette Ancelins, qui auroyent prains le gariment de ladicte Cousseau.

Aultre instance estoit poursuivie par Marie Delongeville, comme mère et tutrisse de Jehanne Pichot, sa fille, ladicte Pichot hérittière mobillière en partie de Christoffe Pichot, contre ledict Jehan Ravaillac, comme hérittier dudict feu maistre François Ravaillac en partie, pour le payement de la somme de cinquante livres que ladicte Pichot prétendoit rester du dot promis par ledict maistre François Ravaillac à Marguerite Ravaillac, sa fille, mère dudict Xristofle Pichot, en laquelle instance ledict Jehan Ravaillac auroit faict appeler lesdictz Cousseau, Grazillier et Catherine Ravaillac, pour descharger des trois cartes parties de ladicte somme de cinquante livres, comme ces cohérittiers, pour lesdictes portions dudict feu maistre François, leur père, et donataires dudict maistre Michel, ou lesdictz appelés n'avoyent encores deffendu.

Oultre prétendoit Françoise Dubreuilh, femme dudict Jehan Ravaillac, avoit, puis trois ou environ, jouy de la quarte partie de la maison cy dessus mentionnée, sise au quanton de ladicte ruhe de la Menuzerie, à elle distraicte, et que partant elle prétendoit les loyers, pendant ledict temps, de la quarte partie. A quoy ladicte Cousseau et Grazillier ausdictz noms disoyent que ladicte quarte partie n'estoit que provisoirement adjugée à ladicte Dubreuilh, et qu'ilz entendoyent la faire déchoyr en diffinitefve de ladicte entencion, faisant responce au contraire, attendu que la prescription sur laquelle faisoit fondement ladicte Dubreuilh n'estoit convenable, d'aultant que pendant la jouissance par elle faicte, lesdictz Pierre et Catherine Ravaillacs estoient mineurs. Au contraire disoit ladicte Dubreuil ladicte distraction luy estre légittimement distraicte et adjugée comme provenant d'un eschange de certain pré à elle donnée en dot et mariage, comme elle avait justifié au procès.

Sur tous lesquelz différants lesdictes parties sus-nommées, ayant longuement playdé, estoyent aulx termes de s'involver encores en plus grand procès, pour ausquelz obvyer, pour le bien, paix et amittié fraternelle, traictans aulcuns leurs parents et amis, gens de conseilh, sont condessendues en l'accord qui s'ensuit. Pour ce est-il qu'aujourd'huy soubzcript, pardevant le notaire royal gardenotte en Angoulmoys soubzsigné, ont estés présentz et personnellement establis en droict comme en vray jugement. Catherine Ravaillac, o l'auctoritté de Jehan Grazillier, son mary, pour l'auctoriser, et encores ledict Grazillier cessionnaire de Pierre Ravaillac, son beau-frère, et ayant les droictz d'icelluy, et dame Jehanne Cousseau, mère de ladicte dame Ravaillac, veufve de feu maistre François Ravaillac, vivant procureur au siège présidial d'Angoulesme, demeurant au village d'Argence, paroisse de Champniers, d'une part; et sire Jehan Ravaillac, marchand de ladicte ville, et dame Françoise Dubreuilh, sa femme, séparée de biens et de luy deuhement autorisée pour l'effect du contenu en ces présentes, demeurant à présent au bourg de Magnac sur Toulvre, d'autre part, lesquelz dictz Cousseau, Grazillier et Catherine Ravaillac ont par ces présentes quitté et quittent ledict Jehan Ravaillac et ladicte Dubreuilh, sadicte femme, auctorisée comme dessus, de touttes et chescunes les actions et prétentions desquelles cy dessus est faict mention, et promis ne leur en faire jamais action, pétition ne demande, moyennant que ledict Jean Ravaillac, et ladicte Françoise Dubreuilh, sa femme, ont semblablement quitté et remis ausdictz Cousseau, Grazillier et Ravaillac ès dictz noms, stipullans et acceptans, touttes les prétentions cy dessus déclarées qu'ilz pourvoyent avoyr à l'encontre deulx, promettant, pour raison de ce, ne les en inquietter ne rechercher à l'advenir et ne leur en fayre action, pétition ne demande, ne à ladicte Chovet (Chauvet) pour ce présente et acceptant, desdictz loyers de ladicte quarte partie de maison à ladicte Dubreuilh distraicte, dont ilz l'ont quittée et quittent comme dessus. Et est accordé entre lesdictes parties que, suivant et en exécution desdictz jugemens et adjudications cy dessus réfférées, les trois quartes parties de la maison faisant le coin de la ruhe du quanton appellé de la Menuserie, tenant d'une part à la maison des héritiers feu Pierre Thevet, vitrier, d'autre à la maison de sieur François de Marcillac, qui est la maison qui a sa principalle veuhe sur le chasteau de ladicte ville, et qui est au devant la maison de sire Philipes de Lagrezille, seront et demeureront propres et paisibles ausdictz Grazillier et Catherine Ravaillac, sa femme, ausdictz noms, sans que ledict Jehan Ravaillac et ladicte Dubreuilh les puissent inquietter ne troubler pour lesdictes trois quartes parties ; et l'autre quarte partie faisant le total de ladicte maison, laquelle avait provisoirement esté adjugée à ladicte Dubreuilh, luy demeurera deffinitifvement, sans que lesdictz Cousseau, Grazillier et Catherine Ravaillac en puissent aulcunement inquietter ladicte Dubreuilh ny les siens, de laquelle elle jouyra à l'advenir comme de son propre bien et à elle apartenant. Et génerallement ce sont lesdictes parties quittées et quittent par ces présentes, de touttes les prétentions qu'elles peuvent avoyr les unes à l'encontre des autres, tant de leur chef que en qualitté d'hérittières de feuz maistres François, Michel, Jacquette et Marguerite Ravaillacs et Christofle Pichot et autres de leurs parens, et desquelz ilz pouvoyent avoyr droict pour touttes causes quelzconques, desquelles elles se sont quittées et quittent par ces présentes, respectivement promis n'en faire jamais action, pétition ny demande.

Et par ces mesmes présentes a esté présent et personnellement estably en droict comme en vray jugement, Pierre Ravaillac, demeurant en ladicte ville d'Angoulesme, lequel a recongneu avoyr ceddé audict Jehan Grazillier, son beau-frère, tous ses droictz successifz provenans desdictes parties cy-dessus déclairées, et partant consent et accorde que le contraict cy-dessus sorte son effaict, et promet n'aller jamais au contraire. Et pour l'entretenement de tout ce que dessus lesdictes parties ont obligé, etc. . . . .
. . . .

Faict et passé en la ville d'Angoulesme, en la maison dudict notaire, apprès midy, le neufiesme jour de mars mil six centz cinq, en présences de maistre Allain Dufoussé, procureur au siège présidial d'Angoulmoys, maistre Michel Martin, praticien, et André Tourette et autres, et ont lesdictz Dubreuilh, Cousseau et Catherine Ravaillac déclaré ne scavoir signer.

Signé : RAVAILLAC, RAVAILLAC, pour avoir accordé et consenty ce que dessus, sans ratures; GRAZILLIER, pour avoir accordé ce que dessus cens aulcune ratture ne interligne; A. CHAUVET, A. DUFOUSSÉ, présent; TOURETTE, présent; MARTIN, présent, et LACATON, notaire royal.

(Archives de la Charente, minutes de Lacaton, notaire à Angoulême).

VI[1]

Procuration donnée par Françoise Dubreuil, femme séparée de biens de Jean Ravaillac, à François Ravaillac, son fils, pour la représenter dans divers procès.

Personnellement establye Françoise Dubreuil, femme séparée de biens de Jehan Ravaillac, demeurante en ceste ville d'Angoulesme, d'une part; et maistre François Ravaillac, son filz, aussi demeurant en ladicte ville, d'autre, laquelle Dubreuil, de son bon gré et vollonté, a donné et donne par ces présentes, plain pouvoir, puissance, aulthorité et mandement spécial audict Ravaillac, son filz, de poursuyvre, pour et en son nom, tous et chascuns les procès entre elle et les héritiers de feu messire Nicollas Dubreuil commungs, pendans et indécis en la court de parlement à Paris, en laquelle ladicte Dubreuil a esté appellée par lettres d'anticipation, à la requeste de François Redont, escuyer, sieur de Neuillac, auquel sieur de Neuillac, ladicte Dubreuil a faict signiffier ces lettres de rellief et plusieurs appellations qu'elle a interjettées en ladicte court, despuis la pocession qu'elle a prinze des biens de Geoffroy Ythier et Radegonde Prévérauld, en exécution d'arrest du vingt uniesme d'aougst six centz quatre et suyvant la convention entre elle et ces dicts cohéritiers, suivant certain contraict receu et passé par Lacaton, notaire royal, le quatorziesme de may dernier, en vertu duquel elle a cy devant et le tiers jour de juing mil six centz et six dernier, faict sommer lesdits cohéritiers en la succession de feu maistre Nicollas Dubreuil, de fournir argent pour envoyer ledict Ravaillac à Paris pour soustenir et deffandre la cause d'appel entr'eux commune, tant contre ledict sieur de Neuillac, messieurs les maires et eschevins, maistre Charles Nadauld, Jehan Aisgre, que François Ythier et autres; et d'aultant qu'ils n'ont voullu payer argent pour leurs portions, à raison qu'ilz amandent de ladicte succession et que ladicte Dubreuil a esté advertye qu'ils coludent avecq ledict Redont, sieur de Neuillac, pour la spolier de son bien, n'ayant aulcuns moyens pour se

---

1. Cette pièce est la XXIV° de celles publiées par M. de Fleury.

deffandre, pour ceste cause a donné et donne par ces présantes plain pouvoir et puissance audict Ravaillac de se transporter en la ville de Paris pour soustenir et deffandre lesdictes appellations en son nom en ladicte qualité. Et d'aultant qu'elle n'a argent pour aire lesdictz fraictz, consant et accorde que ledict Ravaillac poursuyve lesdictz cohéritiers de ce joindre à cesdictes appellations et contribuer aux fraictz, etc.

Faict en la maison dudict notaire, le dixiesme juing mil six centz six, ès présences de André Bouniton, Jehan Charlot et Geoffroy Ravaillac, demeurans en ladicte ville, et à ladicte Dubreuil déclaré ne scavoir signer.

Signé : F. RAVAILLAC, acceptant, A. BOUNITON, RAVAILLAC, J. CHARLOT et LACATON, notaire royal.

(Archives de la Charente, minutes de Lacaton, notaire à Angoulême.)

VII

Bail à loyer par Adam Roux, procureur au présidial d'Angoumois, à François Ravaillac, praticien, demeurant à Angoulême, d'une maison sise en ladite ville, paroisse Saint-Paul.

Sachent tous que par devant le notaire royal et pour madame la duchesse en Angoulmois soubs signé et en présence des tesmoings cy bas nommés, a esté présent et personnellement estably maistre Adam Roux, procureur au siège présidial, demeurant en ceste ville d'Angoulesme, lequel, de son bon gré et vollonté, a affermé et afferme par ces présentes à maistre François Ravaillac, stipullant, c'est à scavoir une maison à luy apartenant, cytuée en la paroisse de Saint-Pol, ayant cy devant apartenu à Françoise Dubreuil, tenant d'une part à la maison des hoirs feu Gaschiot Dufresche, et d'autre à la maison du sieur Pierre Mallat, marchant, ladicte ferme faitte pour le temps et espace d'un an entier, commansant à au jour d'huy et finissant à semblable jour, et ce pour et moyennant la somme de trente et six livres tournois, de laquelle somme ledict Ravaillac en a baillé et payé audict Roux la somme de dix-huict livres pour la première demy année, en francqs et quards d'escus ayant cours, suyvant l'édict, qu'il a prainse et emporté et s'en est contanté et en a quitté icelluy Ravaillac, et le surplus, qui est pareille somme de dix huict livres, ledict, Ravaillac a promis et sera tenu payer audict Roux d'aujourd'huy en six mois prochains venentz ; et moyennant ce a promis et sera tenu ledict Roux garantir, faire et souffrir jouir ledict Ravaillac de ladicte ferme à luy faitte, durant ledict temps et espace d'un an, o la charge que ledict Ravaillac a promis et sera tenu entretenir ladicte maison de couverture, de la main du maistre seullement. Et a esté expressément convenu et accordé entre entre lesdictes parties, que si ledict Ravaillac fait quelques fournitures de thuiles ou autres choses requises et nécessaires en ladicte maison, jusques à la concurrence de la demye année qui reste à payer, ledict Roux a promis et sera tenu déduyre audict

---

1. Cette pièce est la XXVIIIe de celles publiées par M. de Fleury.

Ravaillac ce qu'il aura advancé, moyennant qu'icelluy Ravaillac sera tenu appeller ledict Roux pour voir les réparations qu'il conviendra faire. Et à l'entretenement desdictes choses, etc... Fait et passé en la ville d'Angoulesme, en la maison dudict notaire, avant midy. Et par ces mesmes recongnoist ledict Ravaillac avoir audict Roux, entre ses mains, les meubles dont la teneur s'ensuit, lesquelz il luy promet restituer touteffois et quantes, qui sont, premièrement ung lit de plume garni, avec sa couverture de coulleur rouge, ung coffre de nouyer presque neuf, deux petits chesnetz ou landiers, une met, lesquels sont de présent en ladicte maison. Fait comme dessus, en la maison dudict notaire, le treziesme jour de décembre mil six centz six, avant midy, présentz maistre Pierre Berteau et André Bouniton. Ont lesdictes parties signé avecques moy dict notaire.

Signé : A. Roux, F. Ravaillac, A. Bouniton, P. Bertheau et Lacaton, notaire royal.

(Archives de la Charente, minutes de Lacaton, notaire à Angoulême.)

VIII[1]

Vente par Françoise Dubreuil, femme séparée de biens de Jean Ravaillac, marchand, d'une maison sise à Angoulême, paroisse Saint-Paul.

Sachent tous que par devant le notaire et tabellion royal et gardenotes héréditaire en Engoumois soubs signé et en présence des tesmoings soubs scripts ont estés présents et personnellement establis en droit Françoise Dubreuil, femme séparée de biens de Jehan Ravaillac, demeurant en ceste ville d'Angoulesme, d'une part; et maistre Adam Roux, procureur au siège présidia d'Angoumois et y demeurant, d'autre, laquelle dite Dubreuil, de son bon gré et vollonté et suivant la permission à elle octroyée par justice, la teneur de laquelle sera transcrite au bas de ces présentes, et par l'advis et consantement de Geoffroy et Francoys Ravaillacz, ses enfans, à ce présents et personnellement establis, a vandu, ceddé, quitté, délaissé et transporté audict Roux, par ces présentes; c'est à scavoir une maison à elle appartenant, size en ceste ville d'Angoulesme, en la parroisse de Saint-Pol, tenant d'une part à la ruhe publicque par laquelle on va de l'esglise dudict Saint-Pol à la hasle du Pallet de ceste ville, d'autre à la maison des hoirs feu Gaschiot Dufresche, et d'autre à la maison de (en blanc), et par le derrière à la maison de Mayet Herbert, sergent royal, avecq ses fonds et solle, entrées et yssues, apartenances et dépandances quelsconques, tenue à ranthe de la cure de Saint-Pol, au debvoir que ladicte Dubreuil n'a peu déclérer, que ledict acquereur sera tenu payer doresnavant, ladicte vendition faite par ladicte Dubreuil audict Roux pour et moyennant le pris et somme de cincq centz livres, de laquelle elle a recongneu et confessé estre tenue et redebvable envers ledict Roux, scavoir de la somme de deulx centz livres par obligation du tresiesme janvyer mil six centz cinq, receue par mesme notaire que ses présentes, plus de la somme de huict vingtz deulx livres dix solz que ledict Roux auroit payé, à sa prière et requeste, à maistre François Dufaussé, procureur au siège présidial de cette

---

1. Cette pièce est la XXIX° de celles publiées par M. de Fleury.

ville, et sire Pierre Dugas, marchand, en laquelle ladicte Dubreuil estoit redevable envers lesdicts Dufaussé et Dugas par trois obligations desquelles ledict Roux a droit, la première d'icelles, receuhe par mesme notaire que ses présentes, le douze may mil six centz troys, portant la somme de quarante huict livres, la seconde, du vingt et deulxyesme juing ondict an ensuivant, receuhe par mesme notaire, portant trante et une livres, et la troisiesme, receuhe par Robin, notaire royal, du dernier d'aougst ondict an six centz troys, portant la somme de quatre vingtz troys livres, lesquelles obligations représentées par ledict Roux, présents nous dicts notaire et tesmoingtz, sont demeurées par devers luy pour luy servyr d'hipotèque, seulement, et le surplus de ladicte somme de cinq centz livres, qui est cent trante sept livres dix solz, ledict Roux, l'a présentement et comptant bailhée et payée à ladicte Dubreuilh, présents nous dicts notaire et tesmoingz, en piesses de sèze solz et autre bonne monnoye ayant cours, suivant l'ordonnance, qu'elle a prinse, receuhe, comptée et emportée, et d'icelle s'est contantée et en a quitté et quitte ledict Roux, renoncent, etc. . . . .
. . . .

Faict et passé en la ville d'Angoulesme, en la maison dudict notaire, avant midy, le septiesme de décembre mil six centz six, en présences de sire Jehan Bareau, marchant d'Angoulesme, Charles Dumas, sieur des Resniers, André Bounitou et a ladicte Dubreuil déclaré ne scavoir signer.

(Archives de la Charente, minutes de Lacaton, notaire à Angoulême.)

TABLE ONOMASTIQUE

A

Aignes, bourg du canton de Blauzac, arrondissement d'Angoulême, 139.
Aigre (Jehan), 170.
Aigre, chef-lieu de canton de l'arrondissement de Ruffec (Charente), 81.
Aigron (Abraham), maire d'Angoulême, 146.
Aigron (Pierre), écuyer, seigneur de Combizan, etc., 146.
Adhémar, historien angoumoisin, 68.
Alain (Esther), dame du Breuil de Fontreau, 44.
Ambleville (M. d'), 151.
Ancelin (Louis), seigneur de Gardépée, 147.
Ancelin (Jehan et Paulette), 166.
Angoulême (passim, son nom se trouve à plus de la moitié des pages).
Angoulême (Souveraine d'), dame Gaillard de Longjumeau, 139.
Angoumois, province, 34, 93, 96, 126, 131, 135, 145.
Anguienne (l'), ruisseau, affluent de la Charente, 156.
Ardilliers (les), banlieue d'Angoulême, 139, 141, 149.
Argence, commune de Champniers, canton nord d'Angoulême, 35, 135, 167.
Arnault (Allain), 33.
Arnauld (Hélie), 33, 123.
Arnauld (Jehan), lieutenant-général à Angoulême, 53.
Arnauld (Marguerite), dame Gervais, 32.
Arsenal (l'), à Paris, 95.
Artois (comte d'), 17.
Asselin (Isabeau), épouse Galliot, 44.

Astier, 9.
Astier-Rivaud, 46.
Auberges des Trois-Croissants, des Trois-Pigeons, à Paris, 92.
Aubin (Gervais), 158.
Aubin (Jean), seigneur de Malicornes et de Surgères, 139.
Audiat, 147.
Aunis, province, 34, 96.
Auvergne (comte d'), 85.

B

Babin (Philippe), seigneur de Rencogne, 126.
Babin (Madeleine), dame Babinet, 126.
Babinet (Pierre-Mathieu), maire de Poitiers, 126.
Babinet de Rencogne, voir Rencogne.
Balbany, 105.
Balzac, voir Guez de Balzac.
Barateau (Vincent), 38.
Barbentane, bourg du canton de Château-Renard, arrondissement d'Arles (Bouches-du-Rhône), 149.
Barbezieux, chef-lieu d'arrondissement du département de la Charente, 81.
Barbier, hôte de Ravaillac, 92.
Bareau (Jehan), marchand à Angoulême, 175.
Baritaud (Marie de), épouse de Guillaume Girard, 145.
Barrière (Jean de la), abbé de Feuillant, 69.
Barry de la Renaudie (Georges ou Geoffroy du), 33.
Bassompierre (maréchal de), 91, 92.
Bastille (la), à Paris, 85.
Bauin, et non Bauix, conseiller au Parlement de Paris, 106.

178 TABLE ONOMASTIQUE

Baume-les-Messieurs, près Lons-le-Saunier (Jura), 129, 130.
Bayonne, chef-lieu d'arrondissement du département des Basses-Pyrénées, 151.
Beaumont, commune d'Angoulême, 149.
Bellarmin, jésuite, 54.
Bellejoie, seigneurie dans la ville même d'Angoulême, 21, 154.
Bellengreville (Joachim de), seigneur de Neufvy, grand prévôt de France, 81, 100, 102.
Belliard (Hélie), avocat du roi à Cognac, 147.
Belliard (Jean), procureur du roi à Cognac, 15, 16, 89, 102, 107, 147.
Belliard (Jean), seigneur de Villevert, 147.
Belliard (Marie), 147.
Belliard (Michel), seigneur de Tournebourg, 147.
Béon (Bernard de), voir du Massez.
Bernard (Mᵉ Pierre), 162.
Bertheau (François), 80.
Bertheau (Pierre), 80, 173.
Bignac, bourg du canton de Rouillac, arrondissement d'Angoulême, 126.
Blanchet (Morice), 21, 23, 24, 153, 165.
Blanchet (Mᵉ Robert), procureur à Angoulême, 23, 56.
Bohier, notaire à Angoulême, 22, 153.
Boisbedeuil, commune de Nersac, canton sud d'Angoulême, 45, 143.
Boisragon, commune de Châteauneuf-Charente, arrondissement de Cognac, 38.
Bonnet (Mᵉ Jacques), 39.
Bordeaux, 77, 81, 143.
Bordeaux (Parlement de), 45.
Bouchemousse (Jean), 164.
Boucheron (Jean et Michaud), 156, 157.
Boucheron (Toynete Gailhard, veuve), 7.
Bouex, bourg du canton sud d'Angoulême, 34.
Bouhard (Mangot), 154.
Bounithon (André), 171, 173, 175.
Bourbon (Nicolas), 58, 119.
Bourg-Charente, bourg du canton de Segonzac, arrondissement de Cognac, 34, 41, 123, 125, 160.
Bourg-la-Reine, près Paris, 93.
Bourgoing (Guimard), maire d'Angoulême, 37.
Bouteville, bourg du canton de Châteauneuf-Charente, arrondissement de Cognac, 34, 123.
Boyron, 59, 74, 75.
Brémond d'Ars (comte Anatole de), 133, 134.

Brémond d'Ars (vicomte Théophile de), 134.
Brémond (de), baron d'Ars, 148.
Brienne (Jean de Luxembourg, comte de), 34.
Brunot (Pierre), 163.
Bruxelles, 107.
Bullion (de), conseiller d'Etat, 99, 100.
Bureau, 140.

C

Capucins (les), à Paris, 67.
Cars (François, comte des), 143.
Cars (Amédée-François-Régis, duc des), 143.
Castaigne (Eusèbe), 3, 9, 10, 11, 12, 13, 14, 18, 19, 20, 23, 46.
Chabaneau, 20.
Chabot, marquis de Mirebeau, 96.
Chadurie, bourg du canton de Blanzac, arrondissement d'Angoulême, 146.
Chaigneau, notaire à Angoulême, 60, 73, 121.
Chalonne et le *Petit-Chalonne*, commune de Fléac, canton nord d'Angoulême, 34, 133, 136.
Chambaud, meunier au Poutouvre, 158.
Chamoudry, 68.
Champflour, 58, 119.
Champniers, bourg du canton nord d'Angoulême, 35, 167.
Chandellerie (la), commune de Saint-Amand de Bonnieure, canton de Mansle, arrondissement de Ruffec (Charente), 69.
Chanteloup, près Etampes, département de Seine-et-Oise, 94.
Chapiteau (Salomon), seigneur de Reymondias, 141.
Charente, fleuve, 3, 31.
Charles VII, roi de France, 132.
Charles IX, roi de France, 50, 85, 139.
Charles, comte d'Angoulême, père du roi François Iᵉʳ, 139.
Charles, comte d'Angoulême, fils naturel du roi Charles IX, 50, 85.
Charlot (Jehan), 171.
Chastel (Jehan), régicide, 77.
Château d'Angoulême, 25, 27, 49.
Château de Ravaillac, commune de Touvre, près Angoulême, 3, 11, 12, 13, 14, 17, 28.
Château du Diable, commune de Puymoyen, près Angoulême, 14, 29, 129, 131, 132, 137.

TABLE ONOMASTIQUE

Chateau-Lévêque, bourg du canton de Périgueux (Dordogne), 60.
Chatelard (le), commune de Dirac, près Angoulême, 146.
Chatelet (le), à Angoulême, 50.
Chatelet (Henri, marquis du), 144.
Chaumontet, commune de l'Isle d'Epagnac, près Angoulême, 156.
Chauvet (Anne), épouse de Pierre Ravaillac, 15, 28, 33, 40, 41, 141, 142, 149, 168, 169.
Chauvet de Fonthelle (François, Jean et autres), 40, 141, 142.
Chauvet (Isabeau ou Elisabeth), épouse de Salomon Chapiteau de Reymondias et de Jean du Lau, 141.
Chauvet (Marie), épouse de François Robin, seigneur des Ardilliers, 141, 149.
Chauvet, seigneurs de Saunat en Limousin; Chauvet, à La Rochelle, à Saintes, à Rochefort-sur-Mer, 141.
Chenault (Mathurine), 44.
Chérade, notaire à Angoulême, 123, 135.
Chérade de la Pouyade (Madeleine), dame Mesnard de Laumont, 127.
Chergé (Jehan et Cybard de), 126.
Choiseul-Praslin (marquis de), 96.
Chollet (Françoise), épouse Robin, 127.
Chotard (Pierre), 22, 153, 154.
Cigogne, commune de Foulgens, canton de La Rochefoucauld, arrondissement d'Angoulême, 126.
Cimetière de Saint-André, à Angoulême, 23, 25, 153.
Citeaux (ordre de), 69, 70.
Civray, chef-lieu d'arrondissement du département de la Vienne, 74, 75.
Clément VIII, pape, 70.
Cognac, chef-lieu d'arrondissement du département de la Charente, 8, 16, 147, 150.
Coligny (amiral de), 53, 144.
Coligny (Bernard de), 144.
Coligny (Louise de), princesse de Nassau, 144.
Colletet, 93, 95.
Combizan, commune de Montignac-Charente, canton nord d'Angoulême, 146.
Comminges (Claude-Roger de), 144.
Conciergerie (la), à Paris, 72, 102, 117.
Cordeliers (les), à Angoulême, 51, 86.
Cordeliers (les), à Paris, 65, 67, 86, 93.
Cotton (père jésuite), 67, 68, 102, 107.
Coullaud (Mangot), 39.
Courbon de la Roche Courbon de Blénac (Louise-Hyacinthe-Cécile de), comtesse de Vaublanc, 140.

Courrault (Lyzon), épouse Morpain, 76
Courtin, conseiller au Parlement de Paris, 106.
Cousseau (Jeanne), seconde épouse du procureur François Ravaillac, 35, 36, 38, 39, 135, 162, 163, 165, 166, 167, 168, 169.
Créquy (de Blanchefort, sire de), 96.
Créquy (Mme de), née de Lesdiguières, 68.
Crucy de Marcillac (de), 145.

D

Dampierre (marquis de) de Plassac, 44.
D'Aubigny (père jésuite), 71, 81, 82, 83, 84, 87, 103, 104, 106.
Dauphiné, province, 21, 68, 129, 130.
De Jehan, procureur du roi en Périgord, 60.
Delalande (Me Pierre), 160.
Delasalmonye (Me François), 160.
Delongeville (Marie), épouse Pichot, 166.
Deffens (les), commune de Brenzac, canton de La Rochefoucauld, arrondissement d'Angoulême, 150.
Desbraudes (Pierre), seigneur du Petit Vouillac, 140.
Des Forges (Pierre), seigneur du Chatelard, 146.
Des Forges (Catherine), dame de la Laurencie, 146.
Des Montis (Marie), dame du Breuil Fontreau, 44.
Dexmier (Marie), dame du Breuil de Fontreau, 44.
Diane de France, duchesse d'Angoulême, 50, 85, 145.
Dirac, bourg du canton sud d'Angoulême, 141, 146.
Dreux (de), 144.
Drôme, département, 130.
Dubois, 63, 66, 67, 111.
Dubreuil (Françoise) épouse de Jean Ravaillac et mère du régicide, 43, 45, 46, 56, 58, 59, 60, 61, 75, 122, 143, 147, 162, 165, 166, 167, 168, 169, 170, 171, 172, 174, 175.
Dubreuil (Nicolas et Jean), chanoines de la cathédrale à Angoulême, 43, 45, 46, 63, 75, 143, 170.
Du Breuil (Jean et Pierre), seigneurs dudit lieu, 44.
Du Breuil de Fontreau (Jean, François et autres), 43, 44, 45.

Du Breuil de Fontreau (Marguerite Julie), dame de Navarre, 45.
Du Breuil de Théon de Château-Bardou, 44.
Du Colohœ (colonel), 150.
Dufoussé (Allain), 169.
Dufoussé (François), procureur à Angoulême, 38, 74, 166, 174, 175.
Dugas, 74, 175.
Du Lau (Jean), seigneur du Buis, 141.
Dumas (Armand), 159.
Dumas (Charles), seigneur des Régniers, 175.
Dumergue, notaire à Angoulême, 9.
Du Perron (cardinal Davy), 85, 109.
Du Pluvier, seigneur de Saint-Michel, 99.
Duport, sieur des Rosiers, conseiller au présidial d'Angoumois, 14, 45, 63, 64, 109, 126.
Duport (Antoinette), 126.
Durot, 103.

E

Eaux Claires (les), ruisseau, affluent de la Charente, 131, 132.
Église Saint-André, à Angoulême, 21, 25, 127.
Église Saint-Ausone, à Angoulême, 69.
Église Saint-Martial, à Angoulême, 44.
Église Saint-Paul, à Angoulême, 9, 10, 12, 13, 15, 16, 21, 28, 36, 38, 40, 46, 50, 63, 76, 90, 147, 174.
Église Notre-Dame, à Paris, 117.
Église Saint-Benoit, à Paris, 95.
Église Saint-Paul-Saint-Louis, à Paris, 81.
Église Saint-Roch, à Paris, 92.
Épernon (duc d'), 1, 2, 34, 51, 57, 84, 85, 91, 96, 97, 98, 99, 145, 152.
Espagne, 1, 2, 107, 130.
Étampes, chef-lieu d'arrond. du département de Seine-et-Oise, 94.

F

Farnèze, duc de Castro, 50, 85.
Faure (François), sergent royal, 154.
Fé (Joseph), 38.
Ferrail (de) ou de Ferrare, gentilhomme de la reine Marguerite de Valois, 85.
Ferrier, médecin de Toulouse, 151.
Feuillade, bourg du canton de Montbron, arrondissement d'Angoulême, 142.

Feuillants (ordre des), 3, 13, 68, 69, 70, 71, 72, 81, 82, 92, 100, 106.
Filsac (docteur), 116.
Filz, 127.
Fléac, bourg du canton nord d'Angoulême, 124, 133.
Fleury (de), 3, 21, 32, 37, 39, 58, 59, 75, 153, 155, 159, 160, 162, 170, 172, 174.
Fontbelle, commune de Chateauneuf (Charente), arrondissement de Cognac, 33, 40, 141.
Fonteneau (Jean), 60.
Fontreau, commune de Saint-Genis, arrondissement de Jonzac (Charente-Inférieure), 44, 45.
Forgues (Raymond de), 143.
Franche-Comté, province, 130.
François Ier, roi de France, 139.
François, duc d'Alençon, 139, 149.
Frégeneuil, commune de Soyaux, près Angoulême, 43.
Frelant, 156.

G

Gailhard (Thoynete), veuve Boucheron, 7.
Gailhard (Michel), seigneur de Chilly et de Longjumeau, 139.
Galliot (Jehan et Pierre), 44.
Gallonhaud, 156.
Gamaches (docteur), 116.
Gamaliel, 99.
Garasse, père jésuite, 3, 8, 12, 17, 18, 19, 20.
Gardepée, commune de Saint-Brice, (Charente), canton de Cognac, 147.
Gaschiot Dufresche, 10, 172, 174.
Gauguié, 11, 132, 136.
Gaultier (Pierre), de Magnac, 155.
Gauthier, 140.
Géraud (Guy), seigneur de Frégeneuil, 43.
Gervais (François), 31.
Gervais (Jean), lieutenant-criminel à Angoulême, 31.
Gervais (Thérèse), dame Maulde, 31.
Gibaud, notaire à Angoulême, 5, 21, 37, 38, 39, 123, 161.
Gigon (docteur), 3, 8, 12, 20, 28, 29.
Gilles (frère), 86.
Girard (Anne de), dame des Forges, 146.
Girard (Bernard) du Haillan, historiographe, 145.
Girard (Claude), archidiacre d'Angoulême, 145.

Girard (Guillaume), secrétaire du duc d'Epernon, 51, 57, 85, 98, 99, 145.
Girard (Jean), maire d'Angoulême, 52.
Girard (Marie de), dame Aigron de Combizan, 146.
Girard (Michel), abbé de Verteuil, 145.
Girard (Pierre), 145.
Girard (Philippe), secrétaire de la duchesse d'Angoulême, 85, 145.
Girard (de) du Demaine, 85.
Gond (Le), commune de Lhoumaud-Pontouvre, près Angoulême, 3, 19.
Gondeville, bourg du canton de Segonzac, arrondissement de Cognac, 143.
Goursat, 26.
Gravaillac, 17, 29.
Grazillier (Pierre), 24, 25, 35, 40, 123, 162, 163, 164, 165, 166, 167, 168, 169.
Greslet (le Père), 53.
Guédon (Jehan et Julien), régicides, 77.
Guez de Balzac (Guillaume et autres), 9, 10, 18, 50, 145, 146.
Guilhebaud (Antoinette), dame de Lubersac, 69.
Guilhebaud (Collin), 69.
Guilhebaud (Hélie), fondatrice de l'Hôtel-Dieu d'Angoulême, 69.
Guilhebaud (Jehan et Pierre, et le chanoine), 38, 67, 68, 102, 107.
Guise (duc de), 8, 16, 32, 33, 92.

H

Harlay (Achille de), président au parlement de Paris, 13, 106.
Hémycicle (L'), à Angoulême, 50.
Henri II, roi de France, 49, 85.
Henri III, roi de France, 57, 70, 76, 77, 106, 139, 145.
Henri IV, le Grand, roi de France, 7, 8, 9, 11, 12, 13, 14, 17, 18, 20, 28, 33, 57, 68, 77, 79, 85, 91, 92, 96, 99, 103, 112, 114, 130.
Henri, grand prieur de France, 49.
Herbert (Mayet), sergent royal à Angoulême, 10, 174.
Horric de Beaucaire, 140.
Horson (Jehan et Arnauld), 124.
Hôtel-Dieu, à Angoulême, 69.
Hôtel de la Table-Royale, à Angoulême, 23.
Hôtel de Retz, à Paris, 99, 100.
Houllier, 150.
Hurtebize, commune de Dirac, près Angoulême, 45, 143.

J

Jacobins (Les), à Angoulême, 22, 25, 51, 52, 53, 159.
Jacobins (Les), à Gand, 77.
Jacobins (Les), à Paris, 93.
Jacques Clément, régicide, 76, 99, 106.
Jargillon (Guillemine), dame Redon, 143.
Jargillon (Marie), dame de Mesmond, 143.
Jean d'Orléans, le Bon, comte d'Angoulême, 52, 53, 63.
Jeannin, président au Parlement de Paris, 99.
Jésuites (Les), 2, 18, 68, 76, 77, 82, 83, 84, 93, 104.
Juillac-Le-Coq, bourg du canton de Segonzac, arrondissement de Cognac, 56, 67.
Jura, département, 130.

L

La Barde, commune de Goudeville, 150.
La Borie (Valentine de), épouse Girard, 145.
La Brosse, médecin, 152.
La Brugière (Marie de), dame Belliard, 147.
Lacaton, notaire à Angoulême, 6, 28, 46, 59, 64, 159, 169, 170, 171, 173, 175.
La Couronne, commune de... arrondissement de Cognac, 150.
La Courrière, commune de..., 59, 124.
La Diville, bourg du canton de Barbezieux, 127.
La Faye (Yzabeau de), dame du Bruil de Fontreau, 44.
La Font, prévôt de Bayonne, 151.
La Font, commune de Mérignac, canton de Jarnac, arrondissement de Cognac, 146.
La Force (maréchal de), 78, 84, 96.
La Grésille (de), 25, 168.
La Groie, commune de..., 125, 126.
La Guesle (de), procureur général au Parlement de Paris, 106.
Laisné (Anne), épouse Robin, 150.
Laisné (Philippe), avocat du roi à Cognac, 150.
La Laurencie (François de), seigneur de Chaduric et des Thibaudières, 146.
La Madeleine, commune d'Angoulême, 25.

La Marck (Guillemette de), comtesse de Luxembourg-Brienne, 34.
Lambert (François), avocat du roi à Angoulême, 140.
La Nauve (Samuel de), seigneur de Gondeville, 143.
Langlois, capucin, 77.
La Potillerie, commune de Roullet, canton sud d'Angoulême 149.
La Quintinie (de), 150.
La Rochefoucauld, chef-lieu de canton de l'arrondissement d'Angoulême, 25, 69.
La Rochelle, 136.
La Sauzaie, commune de... 34, 123, 125, 126, 127.
La Touche (Martiale de), dame Robin, 149.
La Trésorière, commune d'Angoulême, 126.
Laumont, commune de Bignac, canton de Rouillac, arrondissement d'Angoulême, 126.
La Vallade, commune de... 34, 123, 125, 126, 127, 156.
Lavardin (de Beaumanoir, marquis de), 96, 97.
Lavignée, canton de Vitrey, arrondissement de Vesoul (Haute-Saône), et *Lavigny*, canton de Voiteur, arrondissement de Lons-le-Saulnier (Jura), 129, 130.
Le Blond, 66.
Le Bret, 103.
Le Comte (Guillaume), 21, 26, 139.
Le Comte (Jehan), maréchal des logis du duc d'Alençon, 139, 149.
Le Comte Jehanne), maîtresse de Charles, comte d'Angoulême, 139.
Le Comte (Jehanne), épouse de Guillaume Robin des Ardilliers, 139, 141, 149.
Le Comte (Marguerite), épouse du procureur François Ravaillac, aïeule paternelle du régicide, 5, 22, 23, 32, 33, 35, 139, 141, 153, 154, 155, 157, 164.
Le Comte (Marguerite), épouse de Gaston Viaud, seigneur d'Aignes, 139.
Le Comte (Michel, Pierre et autres), 139, 140.
Le Comte (Raymond), procureur à Angoulême, 22, 27, 32, 139, 153, 154.
Le Comte des Hors, 140.
Le Febvre, cordelier, 93, 104, 107, 109.
Le Meusnier de Moulidars, 139.
Lesdiguières (maréchal), 68, 78.
Lesneveur ou Le Sueur (Louise), dame du Breuil de Fontreau, 44.

Liancourt (du Plessis de), 96.
Limoges (Haute-Vienne), 25, 65, 56.
Limousin (Guillaume et autres), 156.
Limousin, province, 34.
Loiseleur, 1.
Loménie (de), 99.
Longwy (Jean de), de Civry, 139.
Louis XIII, roi de France, 1, 18, 57, 129.
Louis XIV, roi de France, 23.
Louvre (le), à Paris, 79, 81, 82, 84, 94, 95, 96, 99, 99, 111.
Lubersac (Lionnet de), 69.
Lunesse (Chausse de), 140.
Lunesse (de), commune de l'Isle d'Espagnat, près Angoulême, 124.
Luxembourg (Jean de), comte de Brienne, 34.
Luxembourg (Marie ou Louise de), dame du Massez, 34.

M

Macé (Martin), apothicaire à Angoulême, 154.
Magnac-sur-Touvre, bourg du canton nord d'Angoulême, 5, 6, 7, 29, 31, 58, 59, 155, 156, 157, 167.
Mainzac, bourg du canton de Montbron, et Minzac (Dordogne), 142.
Malherbe (le poète), 95.
Mallat (Pierre), 10, 172.
Malledent (de), 140.
Mandat (Catherine), épouse Fonteneau, 60.
Manny (de), 140.
Maquelilau, 23, 124, 125.
Maquelilau (Jehan), seigneur de la Courrière, 59, 124.
Marchadier (capitaine), 140.
Marguerite d'Angoulême, reine de Navarre, 28.
Marguerite de Valois, première femme du roi Henri IV, 85.
Marianna et Mariano, jésuite. 54, 76.
Marie de Médicis, reine de France, 1, 91, 99, 105.
Marsillac (de), 24, 26, 27, 168.
Marthon, petite ville du canton de Montbron, 60.
Martin (Michel), 169.
Martineau (Hélie de), 143.
Massé (Christophe), 164, 165.
Massez (du), 31, 34, 41, 123, 125, 160.
Maulde, conseiller à Angoulême, 31.
Maulmont (M. de), 6, 155.
Maurougné, président à Angoulême, 16.

Maurougné (Catherine), dame Mesnard de Laumont, 126.
Ménier, libraire à Poitiers, 18.
Menuzerie (voir rue de la).
Mérignac, canton de Jarnac, arrondissement de Cognac, 147.
Mérigots (les), commune de l'Isle-d'Espagnac, près Angoulême, 126.
Merpins, bourg du canton de Cognac, 147.
Mesnard, professeur de l'Université de Poitiers, 18.
Mesnard (Jehan), 34, 41, 123, 125, 126, 127, 160.
Mesnard (Jehanne), épouse Rochier et Robin, 34, 40, 41, 123, 124, 125, 127, 149, 160, 161.
Mesnard (Michel), président à Angoulême, 127.
Mesnard (Nicolas), 34, 41, 122, 123, 124, 125, 126, 160.
Mesnard (Pierre), 31, 34, 41, 123, 125, 126, 160.
Mesnard de Laumont (Jean, Michel et autres), 126, 127.
Michaud ou Michel de Montjon (Isaac et Jean), 134, 135, 136.
Michon (abbé), 11, 14, 19, 131, 132.
Mignon, 77.
Mirebeau (voir Chabot de).
Moisneau (Marie), hôtesse de Ravaillac, 66, 67, 68.
Mons, bourg du canton de Rouillac, arrondissement d'Angoulême, 126, 152.
Montalque (de), nouveau nom de Geoffroy Ravaillac, 59, 60, 121.
Montalembert (Elisabeth de), dame de Chergé, 126.
Montargis, chef-lieu d'arrondissement du département du Loiret, 151.
Montbazon (voir Rohan de).
Montbron, chef-lieu du canton de l'arrondissement d'Angoulême, 25, 142.
Montjon, 58, 122, 123, 134, 135, 136.
Montjon (Catherine), épouse Horson, 124.
Montjon (Catherine), épouse Mesnard, 123, 124, 125.
Montjon (Esther et Marie-Anne), 137.
Montjon ou Montgeon, de Fléac (Jacques, Jean, Michel et autres), 133, 134, 135.
Montjon (Jeanne), épouse Maquelilan, 59, 124.
Montjouou Montgeon (Pierre), seigneur de Rochefort, prêtre, 122, 132, 134.
Montmorency (Charlotte de), comtesse d'Angoulême, 85.

Montmorency (François, duc de), 50, 85.
Montmorency (Henri, duc de), 85.
Montpellier (Hérault), 130.
Morin, notaire à Angoulême, 37.
Mornac, bourg du canton nord d'Angoulême, 17.
Morpain (Armand), 76.
Mortier (Pierre), sergent royal, 73.
Mosnac, bourg du canton de Châteauneuf-Charente, arrondissement de Cognac, 139.
Moulidars, bourg du canton d'Hiersac, arrondissement d'Angoulême, 139.
Moulin (Catherine), dame Tizon de la Groie, 126.
Moulin (Jean), seigneur des Mérigots et de la Trésorière, 126.
Mousnier, notaire à Angoulême, 5, 6, 7, 22, 150, 158, 162.

N

Nadauld (Charles), 170.
Navarre (de), 45.
Nesmond (André de), archidiacre d'Angoulême, 145.
Nesmond (François de), aumônier ordinaire du roi, 146.
Nesmond (François de), président au Parlement de Bordeaux, 143.
Nesmond (François de), lieutenant général à Angoulême, 143.
Neuillac, commune d'Asnières, canton de Hiersac, arrondissement d'Angoulême, 45, 143, 170.
Neuilly, près Paris, 152.
Nisard, 18.
Nonaville, bourg du canton de Châteauneuf-Charente, arrondissement de Cognac, 81.
Normand (François), seigneur de Puygrellier, 57.
Noster (Paul), 99.
Notre-Dame de Beaulieu, à Angoulême, 50.
Notre-Dame de la Peyne, à Angoulême, 50.

O

Orléans (Loiret), 8, 32.
Ouin, 77.

P

Palet (halle ou place du) à Angoulême, 10, 22, 23, 25, 46, 133, 159, 174.

Parc (le), à Angoulême, 49.
Paris, 13, 16, 17, 54, 59, 60, 64, 67, 68, 69, 70, 75, 79, 80, 81, 85, 91, 93, 94, 95, 96, 100, 106, 107, 111, 119, 121.
Paris (parlement de), 2, 10, 13, 16, 21, 25, 53, 59, 60, 75, 136, 143.
Paroisse Saint-Paul, à Angoulême, 12, 13, 15, 16, 21, 22, 23, 24, 27, 28, 36, 40, 46, 56, 63, 85, 145, 153, 157, 159, 162, 166, 172, 174.
Pasquier (Etienne), procureur général à la cour des comptes, 8, 51, 53, 64.
Pasquier (Nicolas), lieutenant général à Cognac, 8, 16, 32, 33, 66, 95, 97, 119, 147, 148, 151.
Pastoureau (Etienne), 27, 159.
Patras de Campagno (de), 146.
Pellisson, 129.
Pelluchon, 68, 149.
Périgord, province, 60.
Périgueux, 60.
Perry (Martin), tanneur à Nontron, 159.
Petitbois (Pierre et Anne), 28.
Peuple (Laurent), 156.
Pichot (Christophe), 166, 167, 168.
Pichot (François), 31, 34, 123, 124, 125, 160.
Pichot (Jacques), 31.
Pichot (Jehanne), 167.
Pichot (Marie), dame Gervais, 31.
Pichot (Sébastien), 31, 34.
Pierre levée, commune de Trois-Palis, canton de Hiersac, arrondissement d'Angoulême, 127.
Piet (Marguerite), épouse Pinault, 141.
Pinault (François), 141.
Pinault (Marie), dame Valleteau, 141.
Place de l'Hôtel-de-Ville, à Angoulême, 28, 49, 50.
Place du Marché-Neuf, à Angoulême, 49.
Place Marengo, à Angoulême, 46, 50.
Place du Murier, à Angoulême, 53.
Place de Grève, à Paris, 113, 115, 117.
Plassac, commune de Soyaux, canton d'Angoulême, 139, 149.
Plassac, canton de Saint-Genis (Charente-Inférieure), 44, 45.
Poitiers (Vienne), 18, 74, 162.
Poivit, théologal à Angoulême, 52.
Polignac (Antoinette de), maîtresse de Charles, comte d'Angoulême, 139.
Poltrot de Méré, 16, 32, 33.
Portail (le), commune de Vars, canton de Montignac-Charente, arrondissement d'Angoulême, 37.
Porte du Crucifix, à Angoulême, 21, 23, 25, 153.
Porte Périgorge, à Angoulême, 21, 50.

Porte Saint-Martial, à Angoulême, 22, 25, 159.
Porte Saint-Pierre, à Angoulême, 156.
Porte du Sauvage, à Angoulême, 49.
Porte du Secours, à Angoulême, 49.
Porte Sainte-Antoine, à Paris, 82.
Porte aux Loups (Jacques de la), seigneur de Saint-Genis et de Mirambeau, 135.
Porte aux Loups (Louise de la), dame de Saunière, 135.
Potier, président au Parlement de Paris, 106.
Pouilly (Claude Francoise Angélique de), marquise de Redon, 144.
Pouilly (Gabrielle Angélique de), comtesse de Coligny, 144.
Poumaret (Jehan), de la Vallade, 16.
Poussard de Fors, 148.
Pradeau (Anne), 140.
Pradeau (Marie), épouse Lecomte, 140.
Pranzac, bourg du canton de la Rochefoucauld, 6, 45, 143, 144.
Praslin (voir Choiseul de).
Prévéraud (Radegonde), épouse Ythier, 170.
Prunelas (le), actuellement commune de Salignac de Pons, arrondissement de Saintes (Charente-Inférieure), 130.
Puygrellier, banlieue d'Angoulême, 57.
Puymoyen, bourg du canton d'Angoulême, 14, 131, 135, 136.

Q

Quinze-Vingts (les), à Paris, 92.

R

Rainguet, 44.
Rambaud (Marie), épouse d'Hector Robin, 149.
Ravaillac (Catherine), épouse Pichot et Mesnard, 34, 35, 41, 122, 123, 124, 125, 127, 155, 157, 160, 161, 166, 167, 168.
Ravaillac (Catherine), épouse Grazillier, 24, 25, 35, 36, 38, 40, 123, 162, 163, 164, 165, 166, 167, 168, 169.
Ravaillac (François), le régicide, *passim*.
Ravaillac (François), aïeul paternel du régicide, 5, 7, 21, 22, 24, 32, 33, 34, 35, 36, 37, 38, 39, 63, 122, 131, 133, 135, 139, 141, 153, 154, 155, 156, 157, 158, 162, 163, 164, 165, 166, 167, 168.
Ravaillac (Geoffroy), frère du régicide, 22, 59, 60, 61, 74, 121, 122, 130, 131, 171, 174.

TABLE ONOMASTIQUE

Ravaillac (Isaac Michel), 40, 41, 147.
Ravaillac (Jean), père du régicide, 5, 6, 7, 22, 23, 24, 33, 35, 41, 43, 56, 57, 68, 131, 143, 155, 156, 157, 158, 159, 162, 163, 164, 165, 166, 167, 169, 170, 171, 174.
Ravaillac (Jean), cousin germain du régicide, 15, 35, 40, 41, 136, 147.
Ravaillac (Marguerite), épouse de Sébastien Pichot, 7, 31, 34, 168.
Ravaillac (Michel), oncle du régicide, 5, 6, 21, 22, 23, 24, 33, 35, 36, 37, 38, 39, 40, 57, 68, 155, 156, 157, 158, 162, 163, 164, 165, 166, 168.
Ravaillac (Pierre), écuyer, 15, 24, 28, 35, 36, 38, 39, 40, 41, 122, 123, 131, 134, 141, 142, 149, 160, 162, 163, 165, 167, 168, 169.
Ravaillac-Montjon et Ravaillac-Michaud de Montjon, 29, 35, 39, 129, 136.
Ravaillard, 21, 129, 131.
Ravaillard (Charlotte), 130.
Ravignan (baron de), 45.
Redon, de Redon, de Redon de Salm, de Redon de Dreux, 45, 143, 144, 170.
Rencogne (Babinet de), 3, 13, 20, 21, 31, 32, 35, 129.
Rencogne, commune de Mons, canton de Rouillac, arrondissement d'Angoulême, 126.
Renoux, 160.
Reymondias, commune de Mainzac, canton de Montbron, 141.
Richomme, père jésuite, 19.
Robie (de la), 99.
Robin (Abraham), premier échevin, à Angoulême, 150.
Robin (Ambroise-André), procureur du roi à Cognac, 150.
Robin (André), notaire royal, 147, 150.
Robin, marquis de Barbentane et de Beauregard, 149.
Robin (Etienne), 127, 149, 160.
Robin (Ezéchias), 149.
Robin (François), écuyer, seigneur des Ardilliers, 141, 149.
Robin (Guillaume), écuyer, seigneur de Plassac et des Ardilliers, 139, 149.
Robin (Hector), échevin à Angoulême, 127, 148, 149.
Robin (Jehan), 34, 40, 41, 123, 124, 125, 127, 149, 160.
Robin (Jehanne), épouse Filz et de Villoutrey, 127.
Robin, marquis de la Tremblaye et de Mortagne, vicomtes de Coulognes, 149.
Robin (Michel), 147.

Robin (Léonard), membre du Tribunat, 150.
Robin (Pierre), notaire royal, 130, 160, 175.
Robin (Victor-Alexandre), maire de Cognac, 150.
Robuste de Laubarière (Madeleine et Catherine Rose Elisabeth), 140.
Roche Andry (la), commune de Mouthiers, canton de Blanzac, arrondissement d'Angoulême, 143.
Rochette (la), commune de Vouzan, 40, 41.
Rochefort, et le *Petit-Rochefort*, commune de Puymoyen, 14, 30, 122, 131, 132, 134, 135, 136.
Rochier (Jean), 34, 123, 127, 160.
Roffy, commune de Lhoumaud-Pontouvre, canton nord d'Angoulême, 31.
Rohan (duc de), 78.
Rohan (Henri de), duc de Montbazon, 96, 98.
Rosnay, commune de Lavigny, 130, 131
Rosny (marquis de), 77.
Roudier, 133.
Rousseau (André), dit Pelluchon, 59.
Rousseau (François), 38.
Rousseau (Hélie), 147.
Rousseau, notaire à Angoulême, 9, 22 153.
Roux (Adam), procureur à Angoulême, 46, 76, 172, 173, 174, 175.
Roux (Guillemine), épouse Berthaud, 80.
Rozier ou des Roziers (voir Duport).
Rue de l'Arsenal, à Angoulême, 25, 28.
Rue des Arceaux, à Angoulême, 9, 10, 13, 46.
Rue de Bélat, à Angoulême, 49.
Rue de la Cloche-Verte, à Angoulême, 25, 26, 27, 28, 63, 177 (errata).
Rue du Fanatisme, à Angoulême (voir rue des Arceaux).
Rue de Genève, à Angoulême, 25, 28.
Rue Marengo, à Angoulême, 23, 25, 28, 46, 49.
Rue de la Ménuzerie, à Angoulême, 23, 24, 25, 40, 56, 63, 153, 166, 168.
Rue Saint-Paul, à Angoulême, 10, 11, 46, 61, 72, 80.
Rue Callandre, à Paris, 64.
Rue d'Enfer, à Paris, 70.
Rue la Ferronnerie, à Paris, 97.
Rue de la Harpe, à Paris, 64, 65, 66, 81.
Rue Pavée, au Marais, à Paris, 85.
Rue Saint-Antoine, à Paris, 81.
Rue Saint-Denis, à Paris, 97.
Rue Saint-Honoré, à Paris, 69, 70, 97.
Rue Saint-Jacques, à Paris, 93, 102.

Ruffec, chef-lieu d'arrondissement du département de la Charente, 81, 148.

S

St-André, à Angoulême, 25, 50, 52.
St-Antonin, à Angoulême, 50, 52.
St-Ausone, à Angoulême, 51, 52, 69, 139.
St-Cybard, à Angoulême, 34, 41, 51, 52, 53, 123, 124, 125, 160.
St-Cybard (le Petit), à Angoulême, 50.
St-Eloi, à Angoulême, 51.
St-Gelais, chapelle à Angoulême, 52.
St-Jacques de Lhoumaud, à Angoulême, 51.
St-Jean, à Angoulême, 50.
St-Martial, à Angoulême, 50.
St-Martin, à Angoulême, 51.
St-Paul, à Angoulême, 50, 153.
St-Pierre, cathédrale, à Angoulême, 50, 51, 56, 153, 156.
St-Vincent, à Angoulême, 50.
St-Yrieix, près Angoulême, 51.
St-Denis, près Paris, 91.
St-Genis, chef-lieu de canton de l'arrondissement de Jonzac (Charente-Inférieure), 44.
St-Marsault (Jeanne de), dame du Breuil, 43.
St-Séverin, à Paris, 64, 81.
St-Innocent, à Paris, 86, 97, 98.
St-Simon, bourg du canton de Châteauneuf-Charente, arrondissement de Cognac, 146.
Ste-Colombe, près La Rochefoucault, 69.
Saintonge, province, 34, 44, 96.
Sannat, commune de St-Junien des Combes, canton de Bellac (Haute-Vienne), 141.
Sanguin, conseiller au Parlement de Paris, 75.
Saulière (Anne de), épouse d'Isaac Michaud de Montjon, de Rochefort, 135.
Saulière (Daniel de), 135.
Saulnier de Pierre-Levée (Françoise), dame Mesnard, 127.
Ségeville, commune de St-Preuil, canton de Segonzac, 38.
Segonzac, chef-lieu de canton de l'arrondissement de Cognac, 34.
Servien, 103.
Simonnet (Jehan), 142.
Sixte-Quint, pape, 70.
Société archéologique et historique de la Charente, 3, 9, 36.

Souffrignac, bourg du canton de Montbron, 60.
Soullet (Micheau), 59.
Suarez, père jésuite, 54.
Sully (duc de), 77, 95.
Surgères, chef-lieu du canton de l'arrondissement de Rochefort-sur-Mer, Charente-Inférieure, 139.

T

Tallut, notaire à Magnac, 6, 7.
Tende (le), ruisseau qui se jette dans la Seugne, affluent de la Charente, 44.
Terrasson (François), maire d'Angoulême, 127.
Terrasson (Françoise), épouse Robin, 127, 149, 160.
Thevet (Anne), 28.
Thevet (Pierre), 24, 168.
Thibaudières (les), commune de Chadurie, canton de Blanzac, arrondissement d'Angoulême, 146.
Thomas (Paul), 14, 20.
Thou (de), premier président au Parlement de Paris, 106.
Thuet (Noël), greffier en l'Élection d'Angoulême, 140.
Tizon d'Argence, 123.
Tizon (Antoinette-Gabrielle), dame de Chergé, 126.
Tizon de la Groie (Daniel, Hélie ou Héliot), 126.
Tizon (Jean), seigneur des Roziers, 126.
Tizon de la Groie (Marie), dame Mesnard, 123, 125, 126.
Torent (Madeleine), dame Poumaret de la Vallade, 16.
Tourette (André), 169.
Tournebourg, commune de Merpius, 147.
Touvre, commune et vieux château du canton nord d'Angoulême, 3, 5, 11, 12, 14, 15, 16, 17, 19, 20, 28, 29, 30.
Touvre (la), rivière, affluent de la Charente, 3, 11, 12, 14, 15, 19, 20, 31.
Trigeau, notaire à Angoulême, 23, 154.
Tuileries (les), à Paris, 92.

V

Valence (Drôme), 130.
Valleteau des Masures, 141.
Valois (les), 49, 154.
Vars, bourg du canton de Montignac-Charente, arrondissement d'Angoulême, 37.

Vaublanc (Caroline de), dame Marchadier, 140.
Vaublanc (Charles-Auguste de Viennot, comte de), 140.
Vendôme (duc de), 152.
Verdeau (Jeanne), épouse Le Comte, 139.
Verneuil, commune de Roullet, canton sud d'Angoulême, 149.
Verteuil en Médoc (Gironde), 145.
Viaud (Gaston), seigneur d'Aignes, 139.
Vienne, chef-lieu d'arrondissement du département de l'Isère, 130.
Vigier de la Pile, 52, 133.
Villevert, commune de Merpins, 147.
Villoutrey (de), 127, 150.

Vitry (de), capitaine des gardes, 97.
Viville, bourg du canton de Barbezieux, 34.
Voluire (de), 23, 148.
Vouillac (le Petit), 140.
Vouzan, bourg du canton de la Vallette, arrondissement d'Angoulême, 40, 41.
Voysin, 113.

Y

Ythier (François), 170.
Ythier (Geoffroy), 75, 170.
Yvrac, bourg du canton de La Rochefoucauld, 133.

TABLE DES MATIÈRES

	Pages.
Introduction	2
Chapitre premier. — Dans quel lieu, dans quelle maison est né le régicide	5
Chapitre deuxième. — Famille paternelle de François Ravaillac	31
Chapitre troisième. — Famille maternelle du régicide	43
Chapitre quatrième. — Angoulême à la fin du XVIe siècle	49
Chapitre cinquième. — Le père et la mère, le frère et les sœurs du régicide	55
Chapitre sixième. — Les obsessions de Satan	63
Chapitre septième. — Résolution prise	89
Chapitre huitième. — L'attentat. Le supplice	95
Chapitre neuvième. — Parentes du régicide qui, en 1610, portaient son nom. Leur descendance	121
Chapitre dixième. — Les Ravaillard. La gorge de Baume-les-Messieurs. Le Ravaillac-Michaud de Montgeon. Le château du Diable	129
Notes	139
Preuves	153
Table onomastique	177

ERRATA

Page 39, ligne 25, *au lieu de* 1530, *lire* 1570.
— 40, — 14, *au lieu de* ne la voit-on, *lire* ne le voit-on.
— 41, — 15, *au lieu de* Voujan, *lire* Vouzan.
— 44, — 15, *au lieu de* Toude, *lire* Tende.
— 60, — 3, *au lieu de* Montalque, *lire* de Montalque.
— 63, — 3, *au lieu de* Actuellement rue de la Cloche-verte, n° 4, *lire* Au midi de celle qui porte actuellement le n° 4 sur la rue de la Cloche-Verte.
— 149, — 27, *au lieu de* Ramtaud, *lire* Rambaud.

ANGERS. — IMP. BURDIN ET Cie, RUE GARNIER.

LIBRAIRIE ALPHONSE PICARD

Schœmann (G.-F.). Antiquités grecques, traduites de l'allemand par C. Galuski. Tome premier, 1884, 1 vol. in-8 jésus de 650 pages, contenant un index très complet. Prix... 9 fr. »

Luchaire (Achille). — Histoire des institutions monarchiques de la France sous les premiers Capétiens (987-1180). 1883, 2 vol. in-8.... 15 fr. »

Le Chancelier Maupeou et les Parlements, par Jules Flammermont, docteur ès lettres, archiviste paléographe. 1 vol. in-8 jésus.. 12 fr. »
Ouvrage couronné par l'Académie française.

Recueil de fac-similés à l'usage de l'école des Chartes, recueil de planches pour l'étude de la paléographie, avec l'analyse et le commencement de la transcription de chaque document. 1re, 2e et 3e séries. Chaque série contient 25 planches et textes in-f. dans un carton. Prix. 25 fr. »

Tardif (A.). — Recueil de textes pour servir à l'enseignement de l'histoire du droit. Coutumier d'Artois, publié d'après les manuscrits 5248 et 5249, fonds français de la Bibliothèque Nationale. 1883, 1 volume in-8, broché... 6 fr. »

Tardif (Jules). — Études sur les institutions politiques et administratives de la France. Période Mérovingienne. 1882, 1re partie, 1 vol. in-8. 6 fr. »

Tardif (Joseph). — Coutumier de Normandie, 1re partie, Le très ancien coutumier, texte latin (publication de la Société de l'histoire de Normandie). 1882, 1 vol. in-8................................. 6 fr. »

Valois (Noël). — Guillaume d'Auvergne, évêque de Paris (1228-1249), sa vie et ses ouvrages. 1880, 1 vol. in-8.................. 7 fr. »

— De arte scribendi epistolas apud Gallicos medii ævi scriptores rhetoresve. 1880, 1 vol. in-8. br.. 2 fr. »

Saige (Gustave). — Les Juifs du Languedoc antérieurement au xive siècle. Paris, 1881, vol. in-8, br., pap. vergé................... 15 fr. »

Pélicier. — Essai sur le gouvernement de la dame de Beaujeu (1483-1491). 1882, 1 vol. in-8, br................................. 7 fr. 50

Jean Ier, comte de Foix, vicomte souverain de Béarn, lieutenant du roi en Languedoc, étude historique sur le sud-ouest de la France, pendant le premier tiers du xve siècle, par Flourac, archiviste des Basses-Pyrénées. 1 vol. in-8. br. 1884.. 7 fr. 50

L'Émigration bretonne en Armorique, du ve au viie siècle de notre ère, par J. Loth, docteur ès lettres, professeur à la Faculté des lettres de Rennes. 1884, 1 vol. in-8.. 6 fr. »

Les Colonies franques de Syrie aux xiie et xiiie siècles, par E. Rey, membre résident de la Société des antiquaires de France, etc. 1883, 1 vol in-8 avec gravures et planches............................ 8 fr. »

Le Tiers État, d'après la charte de Beaumont et ses filiales, par Édouard Bonvalot, ancien conseiller des Cours de Colmar et Dijon. (Ouvrage couronné par l'Académie de Stanislas.) 1884, 1 vol. in-8 jésus.. 12 fr. »

Omont. — Inventaire sommaire des manuscrits au supplément grec de la Bibliothèque Nationale. 1882, 1 vol. in-8................. 7 fr. 50

Bonnassieux (Pierre), archiviste aux Archives nationales. — Le Château de Clagny et Mme de Montespan. 1 vol. in-8 écu, avec portrait, plan et vues. Papier vergé, lettres ornées, titre rouge et noir....... 10 fr. »
Le même, papier vert eau.................................. 15 fr. »

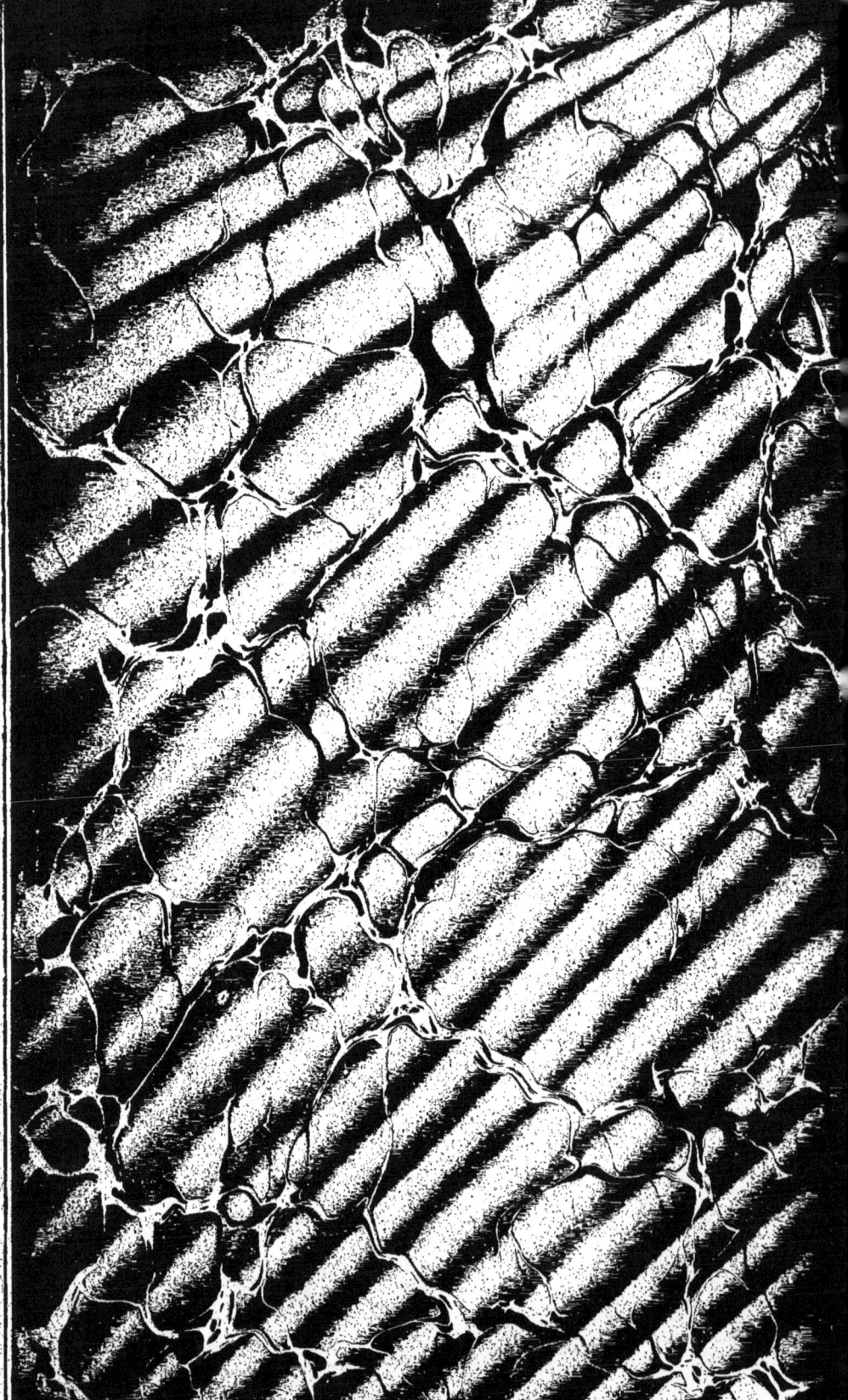

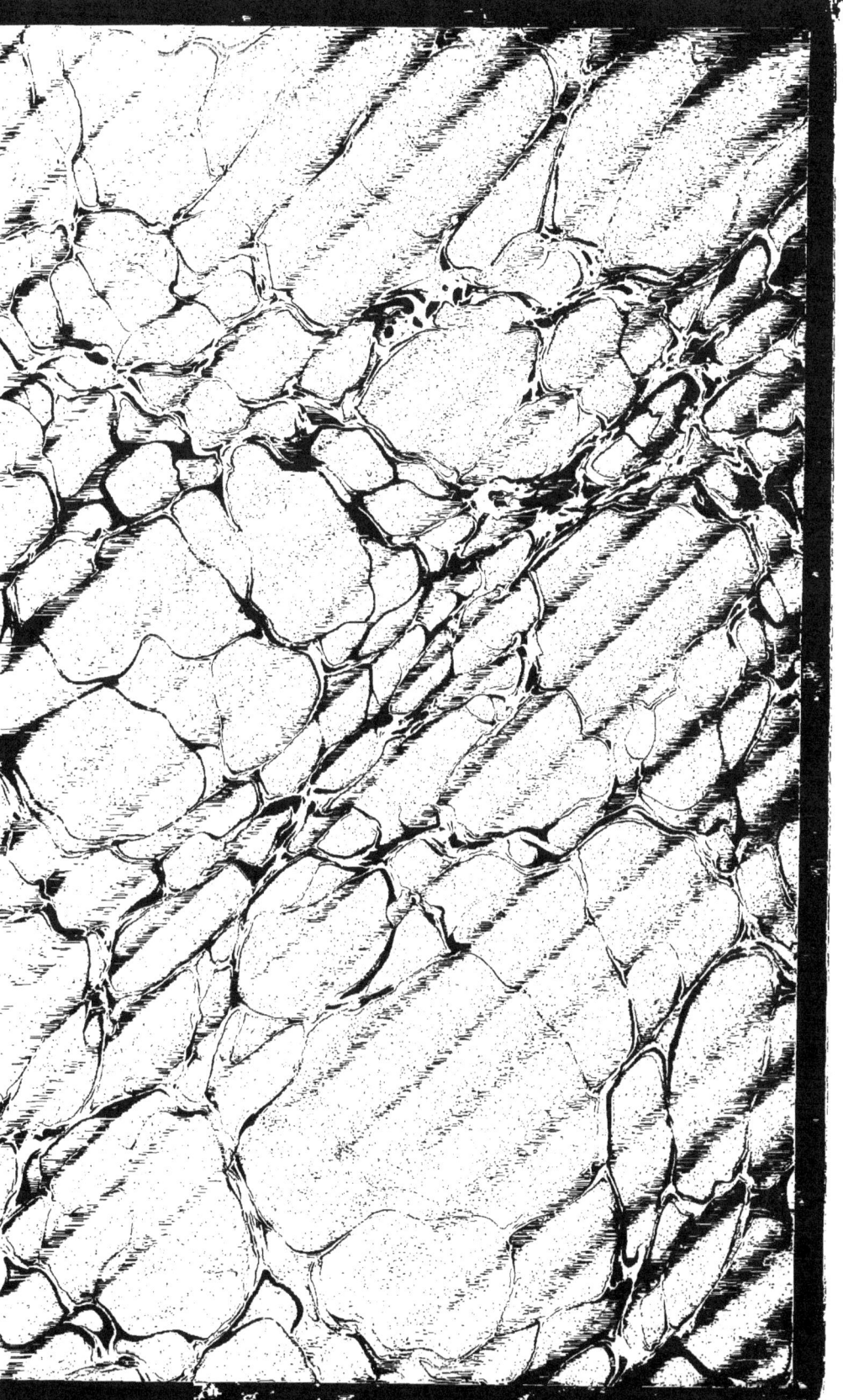

www.ingramcontent.com/pod-product-compliance
Lightning Source LLC
Chambersburg PA
CBHW051905160426
43198CB00012B/1755